AF452067

LES LOUPS

Nᵒ 22929 · *Monnoye de Siège*
Trois Livres à échanger contre
du numéraire.

3 Livres.

SIEGE
DE MAYENCE
MAI 1793
2ᵉ DE LA REP.
FRANC.

Les Loups

Homo homini lupus

SAINT-JUST

Henry de Groux.

Cette pièce a été représentée au théâtre de l'Œuvre,
le 18 mai 1898, sous le titre de *Morituri,* avec la
distribution suivante :

Bias-Brutus QUESNEL	MM. Ripert.
J.-B. TEULIER	Lugné-Poë.
VERRAT	Damoye.
D'OYRON	Dessonnes.
CHAPELAS	Hérouin.
BUQUET	D'Avançon.
JEAN-AMABLE	Saillard.
VIDALOT	Beauduit.
L'Aubergiste	Buisson.
L'Espion	Nyson.
Un Soldat	Mathieu.

PERSONNAGES

QUESNEL, commissaire de la Convention. Soixante ans. Gros, sanguin, goutteux, marchant péniblement ; les traits bouffis, l'air assoupi, mais l'œil vif et dur, avec de brusques éclats de colère.

TEULIER, commandant, membre de l'Académie des Sciences. Quarante ans. Froid, correct, soigné, boutonné de la tête aux pieds dans une grande redingote, avec les trois couleurs ; les cheveux très courts. Très grand, très droit, l'air d'un puritain énergique, et, par moments, fanatique ; parlant de façon tranchante, *sans gestes*.

VERRAT, commandant, charcutier. Même âge. Rouge de peau, cheveux très blonds, taillés en brosse ; énorme tête ; grosses oreilles avec des anneaux ; athlétique ; large dos ; mains poilues aux doigts rongés. Débraillé, tonitruant, sacrant, frappant du poing en parlant.

D'OYRON, commandant, ci-devant. Cinquante ans. D'une mise recherchée, qui contraste avec les autres ; les cheveux longs et poudrés ; maigre, petit, pincé, ironique et hautain.

CHAPELAS, général. Quarante-cinq ans. Un boutiquier sans caractéristiques, que son air buté.

VIDALOT, chef de brigade, garçon d'écurie. Trente-cinq ans. Parlant difficilement, avec une langue pâteuse, et de gros rires pesants. Nature apathique et brutale.

BUQUET, capitaine, clerc d'avoué. Moins de trente ans. L'air déluré, vif et grimaçant.

JEAN-AMABLE, sous-lieutenant. Moins de vingt ans. Petit bourgeois, avec de bonnes joues d'enfant, et une exubérance joyeuse.

L'Espion, paysan rhénan.

L'Aubergiste.

Officiers, Soldats et Foule.

La scène, à Mayence, en 1793, dans la grande salle de l'Hôtel du roi d'Angleterre, qui sert de quartier général à l'état-major.

Une porte à gauche. Deux portes à droite ; dont l'une, à deux battants, ouvre sur un escalier. Grande fenêtre au fond, donnant sur les arbres d'une place. Dans un coin, grand poêle de faïence allumé. Aux murs, affiches, proclamations, images républicaines. Sur les tables, des cartes, des papiers, des victuailles, des sabres. Le double désordre d'une auberge mal tenue, et d'un camp après une bataille.

Pendant tout le drame, on entend le canon, les coups de fusil au loin, dans les silences, — ou les pas de troupes dans la rue, des musiques, des chants, des commandements, — tout un bourdonnement de ville assiégée, qui est l'atmosphère de la pièce.

ACTE PREMIER

SCÈNE PREMIÈRE

Les officiers républicains réunis en conseil, et présidés par
le représentant QUESNEL. — Assemblée tumultueuse.
Quesnel s'efforce en vain de les calmer. — D'Oyron, froid
et ironique, est assis un peu à l'écart des autres.

LES OFFICIERS, tumultueusement

Nous sommes trahis !

QUESNEL

Paix, citoyens, paix...
(Sa voix se perd dans le bruit.)

VERRAT, frappant sur la table

Custine nous a trahis.

QUESNEL

Rien ne nous autorise....

VERRAT, plus fort

Custine nous a trahis. Il avait promis de défendre
Mayence. Il nous a laissé bloquer par l'ennemi. Il
nous laisse maintenant nous débrouiller comme

nous pourrons. Il nous laissera crever sans rien
faire pour nous sauver.

QUESNEL

Du calme, du calme. Qu'avons-nous à craindre?
Mayence est imprenable. Nous avons pour des mois
de ressources. Croyez-vous que la Convention laissera écraser, sans broncher, la meilleure de ses
armées, le palladium de la France? — Patience. Vous
connaissez bien Custine. Le vieux diable a plus d'un
tour dans son sac. Qui sait s'il n'est pas tout
proche? Peut-être qu'en ce moment il plane au-
dessus de l'ennemi, choisissant sa victime. L'heure
venue, il fondra sur elle comme l'aigle sur sa proie.

VIDALOT

Custine est loin et nous oublie.

BUQUET

Le général Moustache fait le beau dans quelque
petite ville d'Allemagne; il se pavane avec des
femmes; il prononce des discours.

VERRAT

Custine écrit des lettres qui sentent l'esclavage.
Custine est un aristocrate comme tous les aristocrates. Custine trahit, — comme Dumouriez a trahi,
(se tournant brusquement vers d'Oyron) — comme d'Oyron
trahira.

D'OYRON, se levant

Citoyens, personne n'a le droit de mettre en doute
mon civisme.

Tous les aristocrates sont les mêmes. Ils ne pensent qu'à étrangler la République. Plus de nobles à la tête de nos troupes ! Il faut remplacer par des talents plébéiens toutes ces canailles pourries dans le fumier des cours. Il faut des généraux qui n'aient pas dans les veines un sang corrompu. Destituons les ci-devant, et nous aurons triomphé.

Au lieu de déclamer dans le vide, regarde-moi en face. Je suis le seul ci-devant noble de l'état-major. C'est à moi que tu en veux? Dis-le sans phrases.

Je ne mâche pas mes mots. C'est à toi que j'en veux. Je demande que tu sois cassé de ton grade, mis au rang de simple soldat, surveillé étroitement, et guillotiné si tu bouges.

Tais-toi, commandant Verrat, tu n'as pas à imposer tes volontés ici. —Vous n'avez rien à reprocher au citoyen d'Oyron. (Les officiers murmurent.) Nous ne devons pas décourager les ralliés. Nous avons besoin de toutes les forces pour vaincre.

TEULIER, qui seul est resté silencieux et immobile au milieu du tumulte

Non, représentant.

Quoi, toi aussi, Teulier ! toi qui es un homme

sensé, qui m'as dit toi-même tout le parti qu'on pour-
rait tirer de l'expérience militaire des aristocrates !

TEULIER

Depuis, je les ai vus de près. Ils nous font plus de
mal que de bien. Moins nombreux, nous serons plus
forts. Les pires ennemis sont les amis tièdes, qui dis-
cutent et critiquent, sans croire aveuglément. Je me
défie des aristocrates. Fais ce que tu voudras de
d'Oyron ; pour moi, je viens de le voir à l'ouvrage :
je n'en veux plus.

QUESNEL

As-tu à te plaindre de lui ?

TEULIER

Je te l'ai dit. Sans lui, Kalkreuth, le prince prussien, et toute la nichée de brigands seraient mes pri-
sonniers.

D'OYRON

Teulier n'a pas la défaite indulgente. Ses plans
étaient impossibles, je l'avais toujours dit.

TEULIER

Que parles-tu d'impossible ? Jamais un général
républicain ne doit calculer avec la nature. Tout ce
que j'ai décidé, je l'ai fait. Avec mes deux mille
hommes, j'ai traversé, cette nuit, par surprise, l'armée ennemie entière ; j'ai pénétré jusqu'aux portes
du grand quartier général. Si tu étais venu, comme
je l'avais ordonné, j'enlevais sans combat, d'un grand
coup de filet, l'état-major de Prusse endormi.

Le difficile n'était pas d'aller, mais de revenir. Tu t'étais jeté follement dans la gueule du loup ; il s'en est fallu de peu qu'elle se refermât sur toi. Si je n'avais pris sur moi de modifier tes plans, et de détourner l'attention de l'ennemi, en attaquant un autre point, tu ne serais pas revenu à Mayence.

TEULIER

Ton simulacre d'attaque n'est qu'une fuite déguisée. Tu devais me rejoindre, quelque prix qu'il t'en coûtât.

D'OYRON

Si j'avais obéi aveuglément, je me serais fait écraser avec toi dans le même traquenard.

TEULIER

Tu te serais entendu avec les Prussiens que tu n'aurais pas agi autrement.

D'OYRON, haussant les épaules

J'ai sauvé ton armée.

TEULIER

Tu avais un plan tracé. Tu devais le suivre sans dévier d'une ligne.

D'OYRON, ironique

Le citoyen Teulier se croit toujours dans son fauteuil de l'Académie des Sciences. Il s'imagine que la réalité se plie docilement aux chiffres et aux figures géométriques. Ce n'est pas la dernière fois que le fait donnera une chiquenaude à son idée.

TEULIER

Toute volonté forte soumet la nature à sa raison. Une action calculée jusque dans les détails par un esprit lucide et résolu, est plus qu'aux trois quarts accomplie.

D'OYRON, sarcastique

Il croit que les hommes sont des leviers, et non des bêtes capricieuses qui dévient constamment de la route tracée.

TEULIER

Les tiens peut-être; car tu leur donnes l'exemple du caprice et de l'indiscipline. Les vrais patriotes n'ont pas de volonté, ils ont celle de la nation.

D'OYRON

Tu ne peux les empêcher de voir qu'ils vont à une défaite.

BUQUET

Donne-moi des baïonnettes et du pain, et je me charge de traverser le monde !

TEULIER, à d'Oyron

Ils n'ont rien à prévoir. Leur chef leur a dit de vaincre. Qu'ils s'arrangent pour obéir !

D'OYRON

Le moyen de leur fermer les yeux !

16

VERRAT

Soûle-les d’eau-de-vie, et fous leur deux batteries
au derrière.

TEULIER, mécontent, à Verrat

Il y a d’autres moyens.

VERRAT

Il faudrait se gêner! Là-bas, ils donnent à leurs
esclaves une boisson de belladone.

CHAPELAS

Un mélange de sulfate et de soufre.

VERRAT

Ils les rendent fous avant de les lancer contre nous.

D’OYRON, haussant les épaules

Des gasconnades!

VERRAT

Est-ce que ce n’est pas évident? Il faut qu’ils aient
perdu la raison pour nous combattre.

TEULIER

Gardons la nôtre. Notre force est d’être des hommes
libres et conscients; n’y portons pas atteinte. S’il faut
une ivresse à nos hommes, la *Marseillaise* suffit.

D’OYRON

C’est insensé! On n’a jamais fait la guerre ainsi.

VERRAT

Le bougre ! Il se croit toujours dans les camps de Capet ! Il faut qu'il lésine sur la peine et la vie des hommes, comme au temps où les brigands couronnés faisaient la guerre à coups de mercenaires. Ils se gardaient bien alors d'exposer aux balles des peaux qui leur avaient coûté si cher !

D'OYRON

La peau des sans-culottes est-elle meilleur marché ?

TEULIER, avec une exaltation froide et concentrée

Oui, d'Oyron, la vie est pour rien ici. Tout le monde en a fait le sacrifice. Donne-la sans compter, quand la nation le veut.

D'OYRON

Vous savez bien que je ne crains pas pour moi, et je ne suis pas plus ménager qu'un autre de la vie des soldats. Mais je ne puis souffrir l'absurde, et je hausse les épaules, quand je vois agir contre toutes les règles de la guerre, comme on le fait ici depuis deux mois.

TEULIER

Les règles de la guerre ! elles se font en ce moment. Il n'y a rien eu avant nous. Nous renouvelons le monde, et la guerre comme le reste.

D'OYRON, croisant les bras et les regardant tour à tour en face, avec impertinence

Je vous admire. Vous vous mêlez de guerre depuis tout juste un an ; et tu voudrais, citoyen académicien, (il s'adresse à Teulier), — et toi, citoyen clerc d'avoué, (il regarde Buquet), — ou toi, citoyen charcutier, (il se tourne vers Verrat), vous voudriez morigéner de vieux renards comme Kalkreuth et Brunswick, qui ont blanchi sous le harnois, et connu Frédéric !

QUESNEL

Il me semble que nous n'avons pas mal commencé déjà.

VERRAT

Est-ce que ce jean-foutre va se foutre de nous longtemps ?

BUQUET

Sois tranquille, nous leur ferons danser la carmagnole ; et si leur Frédéric était là, le vieux singe hypocrite la sauterait plus haut que les autres. Nos violons sont d'accord.

TEULIER

Nous allons leur apprendre une guerre nouvelle, dont leur timide routine et leurs secs calculs sont loin de se douter. Nous n'en gardons point le secret, sûrs que personne que nous n'usera de ce redoutable don.

D'OYRON

Et quel est ce secret ?

TEULIER, mettant le doigt sur une proclamation

Il est écrit ici, et en tête de tous nos actes : Liberté, Égalité, ou la Mort.

D'OYRON

Voilà une belle tactique !

La Mort. Comprends-tu, citoyen ci-devant? La mort comme but et comme moyen, et non plus les froides parties d'échec, les jeux tranquilles et corrects, les belles capitulations. La mort au bout du duel qui s'est engagé entre nous et les envahisseurs sacrilèges de la patrie. La mort pour eux, ou pour nous; peut-être pour tous deux. Et quand nous ne serons plus, d'autres armées sortiront de nos os pour mourir et pour tuer, jusqu'à ce que la liberté ait broyé les tyrans.

CHAPELAS

Cela te fait sourire, d'Oyron. Trouves-tu cela si plaisant?

D'OYRON, méprisant

Je veux bien être tué, je ne veux pas être ridicule.

TEULIER

La patrie est en danger, et il se mire dans sa glace !

QUESNEL, conciliant

Allons, citoyens, ne nous disputons plus. Est-ce que de bons bougres de sans-culottes ne doivent pas toujours faire céder leurs sympathies ou leurs anti-pathies naturelles à l'intérêt de la nation?

TEULIER

Citoyen-représentant, tu dirais vrai si je n'avais vu par expérience qu'on ne fait rien de bon et de grand qu'entre gens qui s'estiment et croient aux mêmes choses. Ce n'est pas le cas pour nous : sépare donc

nos tâches. Pour accomplir des actions héroïques, il
faut y apporter un cœur tout croyant et brûlant. Nos
pères disaient qu'avec la foi on marche sur les eaux.
Ils parlaient ainsi de la fausse foi romaine. La foi républicaine est plus puissante encore. Elle passe au
travers du feu et de la mort, et elle recrée le monde
à chacun de ses pas. Mais pour qu'elle ait sa vertu
tout entière, il faut éloigner de nous ceux qui ne sont
pas capables d'en sentir la brûlante haleine sur leur
front. D'Oyron est trop aristocrate, et d'un monde
trop blasé, pour comprendre nos transports. Qu'il ne
vienne pas au moins les troubler par son doute ; qu'il
ne puisse pas énerver la force de nos soldats. Il est
d'autres besognes où tu peux l'occuper.

QUESNEL

Je ne demande pas mieux que d'employer chacun
aux tâches qui lui conviennent. Citoyen d'Oyron,
puisque tu affiches un si superbe dédain pour la guerre
que nous faisons, montre-nous une bonne fois ce que
tu as dans le ventre.

D'OYRON, haineux

Charge-moi seulement de pousser une pointe contre
le camp des émigrés.

QUESNEL

Contre les émigrés? Pourquoi précisément contre
les émigrés?

D'OYRON

Qu'as-tu à y objecter?

Rien. — Il me semblait qu'un ci-devant comme toi... ce n'est pas ta place. — Après tout, c'est ton affaire.

C'est mon plaisir.— (Après un silence.) Au moins ce sont des adversaires qui se battent dans les règles.

A ton aise. Mais plus tard. Aujourd'hui, c'est Verrat qui donne le bal.

Cela ne manquera pas de musique.

Cette nuit, je prends Kostheim et les îles du Mein.

Tu es toujours résolu?

Parbleu !

Tu sais ce que tu risques ?

D'Oyron t'a-t-il passé sa frousse?

Fais à ton gré. Toi seul, tu t'es imposé ce dan-

gereux projet. Tu m'as promis de vaincre : arrange-
toi, et n'oublie pas qu'après des journées comme
celle-là, la Convention guette la tête des chefs pour y
mettre la couronne de laurier, ou....

VERRAT, faisant le geste

Ou une cravate rouge. Sois tranquille : ce sera la
couronne.

QUESNEL

On fera de fausses attaques sur tous les points de
l'enceinte, pour te faciliter la tâche.

VERRAT

Je n'ai besoin de personne. Je ne veux partager
avec qui que ce soit le plaisir et le danger.

QUESNEL, sèchement

Je n'ai pas à écouter ta vanité, mais l'intérêt du
pays.

VERRAT

Tu accuses mon désir d'accomplir de grandes
choses ?

QUESNEL, qui semble souffrir depuis quelque temps, et devient nerveux
et irritable

Vous êtes tous de grands enfants gonflés d'orgueil.
Vous ne pouvez souffrir qu'un autre ait part à vos
actions. Allons, obéissez ! — Que diable ! il faut pourtant que chacun se fasse à ce que d'autres que lui
meurent pour la patrie !

CHAPELAS

Tu as l'air d'humeur diantrement maussade.

Je le crois, sacredieu, bien. Je voudrais t'y voir avec ma goutte. Je souffre comme un possédé depuis ce matin, de cette gueuse!... (Après un court silence, reprenant d'un ton qui n'admet pas de démentis.) Donc, c'est dit. Toi, Teulier, tout le jour, tu continueras de ce côté des remparts, à tenir en haleine les Prussiens par des escarmouches et des sorties, comme si tu n'avais pas abandonné ton projet de cette nuit. Profites-en si tu peux, pour rejoindre Verrat par l'autre rive du Mein. — Et vous, la paix, n'est-ce pas? plus de disputes. Songeons à la patrie. — Allons, de la concorde, foutre, de la concorde! ou gare aux têtes! Unissons-nous pour écraser ces gueux!

(Il sort péniblement. La plupart des officiers se dispersent.)

SCÈNE II

D'OYRON, TEULIER, VERRAT, CHAPELAS. — Des officiers entrent et sortent pendant tout l'entretien. (Ne pas oublier de faire sentir le bouillonnement de l'armée et du siège autour de toutes ces conversations.)

D'OYRON, ironique

J'aime ces mots de paix dans la bouche du vieux diable. Oui, l'union dans la haine, la seule qui nous convienne. Sans l'ennemi détesté qui nous entoure, nous nous entredévorerions comme une troupe de loups qui manquent de pâture.

TEULIER

On dirait que ces pensées cruelles te réjouissent.

D'OYRON

Homo homini lupus : cela est vieux comme le
monde. Qu'irais-je m'en étonner? Je ne déteste pas
la haine, et je suis servi ici. — Comme vous me
jalousez ! — Prenez garde : si je n'étais plus là, c'est
contre vous-mêmes que vous tourneriez vos dents.

TEULIER

Tu blasphèmes. Jamais sentiment autre qu'une
noble émulation ne s'est élevé entre mes frères
d'armes et moi. Nous aimons notre gloire ; et si
nous cherchons à nous surpasser, c'est pour le bien
public.

D'OYRON

Allons donc, je sais lire. Vous feignez de vous
entendre. Mais il ne faudrait qu'une occasion pour
faire éclater tout ce que vous avez accumulé de
dépits, de rancunes, de petites jalousies, les uns
contre les autres. Si vous n'étiez si occupés, vous
verriez tout ce qui vous sépare. Mais l'ennemi nous
bombarde ; et d'ailleurs, vous n'avez d'yeux en ce
moment que pour ce qui me distingue de vous.
Vous ne me pardonnez pas d'être d'une autre race.

TEULIER, calme

Tu te trompes, d'Oyron. Ne faisant pas de distinc-
tion entre la naissance d'un être et celle d'un autre
être, je ne puis t'en vouloir de ton origine. C'est toi

que je n'aime pas, et je te l'ai toujours dit en face. Je
n'aime pas les aristocrates qui renient leur parti sans
avoir les vertus et l'âme d'un patriote.

D'OYRON

Quels gages vous faut-il donc de mon civisme ?
Ai-je jamais laissé échapper une occasion d'en donner des preuves ? Va le demander plutôt à l'armée
des Princes.

TEULIER, avec une nuance de mépris

C'est vrai : tu n'as jamais épargné tes anciens
amis.

D'OYRON

Est-ce que cela te choque, par hasard ?

TEULIER

Peut-être. — Je les hais. Tous, nous avons des raisons pour les haïr. Mais toi, ce n'est pas ton rôle ;
qui t'oblige à le prendre ? Tout à l'heure, personne
ne te forçait à te charger de cette expédition. — Au
reste, je ne devrais plus m'étonner, depuis cette
affreuse poursuite à travers les Ardennes. Spectacle
lamentable ! Toute la vieille gloire de la patrie,
— d'Harcourt, Vauban, Castries, — pourchassés
dans les bois, traqués par les paysans, trahis par
leurs alliés, fous de honte et de peur, fuyant devant
nos troupes sous les torrents de pluie, vêtus de
loques sordides, transis, rongés de fièvre, morts de
fatigue et de faim, laissant à chaque pas, dans la
boue des fossés et les immondices sanglants, râler
les misérables comme des bêtes crevées. Et parmi
eux, ces femmes, n'essayant plus de fuir, pleurant

26

de misère, désespérées, effondrées dans la vase,
mangées de vermine, leurs robes de cour souillées,
déchirées, semblables à des haillons. — Toute ma
haine est tombée devant tant d'infortune. Mes soldats, brusquement silencieux, passaient, détournant
les yeux pour laisser mourir en paix ces misérables.
— Mais toi, tu t'acharnais contre eux. Tout ce qui
palpitait encore, tout ce qui pouvait encore souffrir,
tout ce qui était bon pour la guillotine, tu le faisais
entasser dans tes fourgons; et tu raillais les femmes
sur leur linge sali, sur les trous de leurs robes, et leur
peau grelottante qu'on voyait au travers.

(Verrat se met à rire.)

D'OYRON

Tu es trop sentimental, Teulier. Si tu étais tombé
dans leurs mains, ils auraient eu moins d'égards. Tu
ne sais pas quels cœurs féroces dorment sous les
seins dodus de ces caillettes grassouillettes. Quand
Érasme de Contades mettait à feu les chaumines de
l'Ardenne, elles riaient à belles dents, les mignonnes
dont les petits derrières te font pleurer de pitié.

VERRAT

En cela, il a raison. Je réserve ma pitié pour des
objets plus dignes.

CHAPELAS

Des appas plébéiens !

VERRAT

Tu te gausses de moi, Chapelas. Ne ris pas ; j'ai de
l'humanité, moi aussi ; il n'y a pas de cœur plus sen-

27

sible que le mien. Seulement je suis pudique, je ne
l'étale pas tout nu.

D'OYRON, à Teulier

On voit bien que tu n'as pas à te venger, Teulier.
Je risque plus que vous ici. Je les tuerai, ou ils me
tueront. Tu ne sais pas de quelle haine féroce et raf-
finée ils me poursuivent. Mon frère est le plus
acharné. Il ne se passe pas de semaine que je ne
reçoive d'eux des libelles d'une perfidie atroce, des
rendez-vous de femmes pour m'attirer dans des guet-
apens, des lettres pour me compromettre, toutes
sortes d'inventions savantes et diaboliques. Tu ne
connais pas la puissance de mal qu'il y a dans un
aristocrate.

TEULIER

Je sais tout ce qu'il y a de sec et de cruel dans le
cœur d'un aristocrate. Si je n'en avais fait depuis
longtemps l'expérience, je la ferais aujourd'hui, en
te voyant, d'Oyron.

D'OYRON, ironique

Il va me faire un crime de servir la République !
Aimerais-tu mieux me voir dans l'armée de
Condé ?

TEULIER

Je n'aime pas les renégats.

D'OYRON

Il est difficile de vous satisfaire. — Relis Corneille.
Ne conseille-t-il pas de sacrifier les siens à sa
patrie ?

Tu te moques; mais je ne suis point ta dupe. Je lis dans ton jeu. Nulle foi républicaine n'explique ta cruauté. Tu détestes les aristocrates; mais tu es un aristocrate. Ce n'est pas la patrie, c'est ton ambition que tu es venu servir parmi nous.... Prends garde, Catilina, je veille.

Ne crois pas m'intimider; moi aussi je te connais. Qui t'a fait quitter tes livres, tes travaux, la vie de laboratoire? Qui, si ce n'est le désir de commander aux autres, de traîner un sabre à ton côté, l'espoir de dominer? Je sais à quoi m'en tenir sur le désintéressement des hommes de science. Ce sont les pires ambitieux, les ambitieux tristes, toujours mécontents, qui ne savent pas jouir, qui ne prennent jamais le temps de se fixer nulle part, qui convoitent toujours plus, l'esprit toujours inquiet, toujours envieux de tout. Les plus dangereux de tous; car ils assimilent leurs intérêts à ceux des grandes idées dont ils se croient les représentants.

TEULIER, avec calme d'abord, puis s'exaltant à la fin

Je ne désire rien pour moi, d'Oyron. Si je ne suis pas tué, — quand ma chère République n'aura plus besoin de nous, je reviendrai à mes études tranquilles. Mais tant que l'envahisseur menacera la patrie, la science sera servante de l'action. Ce n'est pas tout de créer des idées; il faut leur assurer la vie, les faire régner sur la terre, dans les libres esprits dégagés des mensonges. — Liberté, immortelle

Liberté, tu es sortie de nous ; la science t'alluma
jadis, étincelle vacillante, fragile et menacée. Que la
science ait le droit de te défendre aujourd'hui, de
porter ton flambeau en tête de tes armées, lumière
qui vas brûler la nuit où l'Europe se débat, — soleil
de la Raison !

D'OYRON

Tu parles beaucoup de la Liberté ; vous avez tous
son nom à la bouche. Qui sait? Ce sera peut-être
moi qui la défendrai un jour contre vous.

TEULIER

Je sais, tu voudrais bien ; tu aimes tant la Liberté,
que tu la confisquerais si tu pouvais.

VERRAT

Je ne suis pas inquiet. La Liberté est une robuste
garce ; il lui faut d'autres caresses que celles d'un
freluquet.

D'OYRON, insolent

Tu crois qu'elle est tentée par la peau d'un charcutier?

VERRAT

Tonnerre !
(Il met la main à son sabre. D'Oyron fait de même.)

TEULIER, les arrêtant

Pas de combats entre nous.

D'OYRON, rentrant son sabre ; — ironique et froid

Ah ! l'admirable guerre, où l'on marche entouré
d'un triple rang d'ennemis, — où les soldats sentent,

braquée sur leur dos, la gueule de leurs canons, —
où les chefs ont au cou le frisson de la sainte guillotine, — où les compagnons d'armes escomptent votre
mort, — où la défiance mutuelle fait la sûreté pu-
blique ! — C'est ici qu'il faut envoyer les blasés qui
ont perdu l'appétit. Quelle saveur a la vie, quand
elle est menacée ! — Qui de nous mourra le premier?
Qui de nous, le premier, aura la tête des autres ?

(Il sort.)

SCÈNE III

TEULIER, VERRAT, CHAPELAS

CHAPELAS

Au diable son insolence, ses airs ironiques et in-
sultants ! Je commence à en avoir par dessus les
épaules.

TEULIER

Son orgueil le rend imprudent, à mesure qu'il
devrait se surveiller davantage.

VERRAT

Il ne cesse de me provoquer. Nous avons une
vieille dette à régler ensemble. L'un de ces jours, je
me paierai sur la bête.

TEULIER

C'est un homme dangereux. Nulle sincérité, et une
audace cynique, prête à tous les coups de main...

Point de doute ; c'est un ennemi, que les circonstances ont forcé à s'allier avec nous.

Et quelles circonstances ! Des motifs peu avouables,
à ce que j'ai pu savoir. Des friponnades ; une catin
qui lui a été enlevée par son frère, le désir de se venger, à n'importe quel prix, par n'importe quels
moyens.

La patrie est en danger, il faut faire flèche de tout
bois. — Laissons, il travaille pour nous. Quand nous
n'en aurons plus besoin, nous nous débarrasserons
de lui.

Prenons garde qu'il ne nous devance. J'ai des
soupçons depuis quelque temps....

Des soupçons ?

Oui, de vagues inquiétudes.

Dis toujours.

Non. J'ai tort d'en parler. Rien de fondé ; une im-
pression personnelle.

C'est assez pour le faire expédier à la Convention.

TEULIER

Je n'en ai pas le droit. Je n'ai aucune preuve contre lui.

VERRAT, haussant les épaules

Des preuves? Est-ce qu'on a besoin de preuves, quand on a sa conviction?

TEULIER

Je n'ai pas de conviction sans preuves.

VERRAT, même jeu

C'est bon. Quand le moment sera venu, tu n'as qu'à me faire signe. Que Quesnel me le donne seulement dans une de mes sorties.

TEULIER

Pourquoi?

VERRAT

C'est excessivement meurtrier, où je fais ma promenade. Il se trouvera peut-être une balle intelligente pour arranger les choses.

TEULIER, hésitant à comprendre

Que dis-tu, Verrat?
(Il le regarde fixement.)

VERRAT, brutalement, soutenant son regard

Eh bien, quoi? — Tu ne vois pas que je plaisante?

TEULIER, après un silence

Il faut toujours agir selon la justice, Verrat.

VERRAT, haussant les épaules

Parbleu !
(Silence.)

TEULIER, se préparant à sortir

Il est temps que je parte. Je ne vous reverrai pas sans doute avant demain matin. Bonne chance, camarades.

VERRAT

Salut et victoire.
(Teulier sort.)

SCÈNE IV

VERRAT, CHAPELAS

CHAPELAS, regardant s'éloigner Teulier

Celui-là, c'est un bon patriote, et un savant, à ce qu'on dit. Mais on n'est jamais à l'aise avec lui. Il est froid et cassant ; pas moyen d'être un peu familier. Il se tient sur la réserve, il ne rit jamais, il ne dit pas ce qu'il fait ; on ne sait même pas qui est sa maîtresse. Je n'aime pas qu'on se surveille toujours ainsi. Quand on est entre camarades, il faut pouvoir se déboutonner franchement ! que diable !

VERRAT

Il y a un vieux fond d'aristocrate en lui.— Vois-tu,

Chapelas, tous ces gens qui étudient des livres, ce ne sont pas des vrais sans-culottes, des purs, des amis du peuple comme nous. Ils se croient supérieurs; et pourtant, je voudrais bien savoir comment ils s'en tireraient sans nous. — Si on laissait faire Teulier, on attendrait de voir les flammes pour crier : Au feu ! — Voilà bien la façon de raisonner méticuleuse et stupide de ces hommes de science. Ils n'ont aucun sens des choses réelles. Il faut des gens comme cela pour noircir le papier, pour fabriquer des pensées; mais s'il n'y avait qu'eux pour donner le coup de balai, la nation risquerait de pourrir dans l'ordure. — Vois ce bougre de d'Oyron. Il est suspect : autant dire criminel. Il est capable de faire une trahison : c'est comme s'il l'avait faite. Que manque-t-il? le fait, la constatation du fait. C'est-à-dire qu'il faudrait attendre que le mal fût irréparable pour l'empêcher? — Non pas. — Du reste.... Suffit, nous sommes là.

<hr>

SCÈNE V

BUQUET, JEAN-AMABLE, VIDALOT ET LES PRÉCÉDENTS. Trois soldats traînent et poussent un paysan qui gémit. — Quelques jeunes officiers les suivent par curiosité.

SOLDATS

Avance, Prussien. Veux-tu bien avancer, couillon?

VERRAT

Qu'est-ce que c'est que ça?

Le citoyen-représentant n'est pas là ?

VERRAT

Il est souffrant, dans sa chambre ; il se repose. —
Un espion ?

LE SOLDAT

Oui, commandant. Nous venons de l'arrêter. Il
était entré par la porte de Francfort ; il vendait des
pigeons. Le brigadier s'est avisé de quelque chose,
il l'a interrogé. L'imbécile s'est troublé ; on l'a fouillé,
et voilà ce qu'on a trouvé sur lui.

(Il donne à Verrat un paquet de lettres.)

VERRAT, prenant les lettres

Donne. — De l'état-major prussien ? Son compte
est bon.

JEUNES OFFICIERS, s'approchant

Des lettres, Verrat ? Voyons un peu.

VERRAT, qui vient de parcourir les lettres, donne un coup de poing sur la
table. Il devient cramoisi et crie, exultant de joie

Ha ! Tonnerre ! ha ! ha ! ha !

CHAPELAS

Eh bien, qu'est-ce que tu as ?

VERRAT, criant

Rien. — Je l'ai ! Je l'ai !

CHAPELAS

Quoi ?

VERRAT, de même

Rien, je te dis. — Quesnel, où est Quesnel ? (Il rit bruyamment.) Ha ! ha ! Il y a un jean-foutre de bon Dieu pour ceux qui n'y croient pas ! (Il se précipite chez Quesnel, riant avec fracas, faisant des gestes lourds et bousculant les chaises et les gens sur son passage. Se retournant au moment de passer la porte, rouge, la figure gonflée, apoplectique, il montre le paysan.) Gardez la couenne ! Tayaut !

CHAPELAS

Il est soûl.

(Verrat entre chez Quesnel, en faisant claquer la porte, Chapelas le suit).

SCÈNE VI

LE PAYSAN, les soldats qui le gardent. BUQUET, JEAN-AMABLE, VIDALOT. Vers la fin de l'entretien, d'autres officiers entrent peu à peu, individuellement, ou deux à deux, de façon que la scène soit remplie, quand revient VERRAT avec QUESNEL.

BUQUET, au paysan

Eh bien, mon vieux, tu t'es donc fait prendre ?

LE PAYSAN, gémissant

Laissez-moi partir.

BUQUET, riant aux éclats

Tout à l'heure, tout à l'heure.

LE PAYSAN

Vous me laisserez partir tout à l'heure ?

BUQUET

Un instant, que diable ! Il n'y a pas deux minutes
que tu es avec nous. Tu t'ennuies donc ?

LE PAYSAN

Vous ne me ferez pas de mal ?

BUQUET

Mais non. On te coupera le cou sans que tu t'en
aperçoives.

LE PAYSAN

Mes bons messieurs !

BUQUET

Quoi ! quoi ! Voilà-t-il pas une affaire ?
(Le paysan pleure comme un enfant.)

JEAN-AMABLE, dégoûté

Pouah !
(Il lui tourne le dos.)

BUQUET, ne s'occupant plus du paysan

Eh ! bien, Jean-Amable, tu étais donc de la sortie
de cette nuit ?

JEAN-AMABLE, avec une joie enfantine

Oh ! cela a été si amusant, Fortuné ! Imagine que
nous avons traversé toute l'armée ennemie, sans

qu'elle s'aperçût de rien. Une fois, nous avons rencontré des patrouilles de cavalerie,—tu sais, des hussards rouges. Nous leur avons dit le mot d'ordre. Ils nous ont pris pour des paysans chargés de couper les blés la nuit. — Et le flegme de Teulier! Il a causé pendant cinq minutes avec un officier prussien, sans que l'autre s'aperçût de rien. Pendant ce temps, les camarades tournaient le village, entraient dans les maisons. Ah! sans cet imbécile de Bonin qui a tiré trop tôt, nous les prenions au lit. Kalkreuth a fui en chemise. Je l'ai vu. Je l'ai manqué.

BUQUET

Tu ne devrais pas t'en vanter.

JEAN-AMABLE

Oh! bien, c'est presque aussi amusant comme cela.

BUQUET

Tu es dans un joli état.

JEAN-AMABLE

Dame, on a sauté les haies. Et puis, j'ai eu un coup de sabre, — le premier, Fortuné!

BUQUET

Tes parents pousseraient de beaux cris, s'ils voyaient leur Benjamin, leur poupon gâté, avec cette estafilade.

JEAN-AMABLE

Ça n'est pas laid au moins?

BUQUET

Et tu n'es pas fourbu ? tu n'as pas été te coucher en rentrant ?

JEAN-AMABLE

Pourquoi ? je suis un homme comme les autres.

BUQUET

Un homme ! une fillette à qui, il y a six mois, sa maman apportait le matin son café dans son lit !

JEAN-AMABLE

Fortuné, je te défends....

BUQUET

Eh bien, eh bien, ne te fâche pas, il n'y a pas de quoi rougir comme la crête d'un coq. Je trouve très bien qu'un petit bourgeois débute aussi crânement, à peine au sortir des jupes de sa mère ; pauvre bonne femme ! elle ne pouvait lui voir faire un pas dehors, sans courir après lui pour lui nouer son foulard autour du cou !

JEAN-AMABLE, arrachant sa cravate

Au diable !

BUQUET

Eh bien, tu vas aller maintenant le cou nu, par bravade ?

JEAN-AMABLE

S'il me plaît.
(Ils rient.)

VIDALOT

Ses parents ne le reconnaîtraient plus.

BUQUET

Et que dirait aussi mon patron, le procureur, s'il me voyait ici avec ce grand sabre et ces galons? — Quand je pense qu'à cette heure, je pourrais être à Amiens courbé sur un pupitre, dans l'étude de maître Lasseret, occupé à mettre en ronde des foutaises de considérants, avec pour toute distraction, la vue de temps en temps, au travers des barreaux, de quelque vieille dévote s'en allant à l'église !

VIDALOT

Et moi, que j'enlèverais le crottin, à l'hôtel de la Boule d'Or, et que j'irais le brouetter ensuite sur le tas de purin !

BUQUET

Et qu'au lieu de ça, nous marchons en tête de la patrie, que nous avons roulé nos canons sur les rives du Rhin, et que les meutes des chiens de la tyrannie viennent se briser les dents contre nos sabres !

VIDALOT

Oui, c'est une sacrée aventure qui nous réunit dans cette ville, dont on ne comprend même pas le satané jargon, et qui fait trembler sous nous les esclaves d'Europe !

JEAN-AMABLE

Dis que c'est une joie enivrante. Être libres, défendre une patrie libre, la seule libre en Europe,—se sentir souverains, marcher comme des rois sur l'Eu-

rope foudroyée, avoir l'âme dégagée de toutes les
craintes, de tous les préjugés, étreindre à pleins bras
ce grand monde qui est à nous, briser les liens des
peuples, ne sentir au-dessus de sa tête que ce beau
ciel affranchi du mensonge écrasant de Dieu ! — qui
a jamais connu une volupté pareille à la nôtre ?

BUQUET

Nos ennemis la soupçonnent et commencent à
l'envier depuis qu'ils se sont trouvés en présence des
sans-culottes. Sais-tu ce que Kalkreuth a dit ? « La
fin du monde est proche. Chacun de ces Jacobins
parle comme s'il était roi. »

JEAN-AMABLE

Rois du monde, il dit vrai ! Rien n'est qui ne soit
à nous. Tout nous appartient : il ne s'agit que de le
prendre.

SCÈNE VII

QUESNEL, VERRAT, CHAPELAS sortent de la chambre,
Verrat, toujours congestionné, avec une expression de
joie féroce. Quesnel en proie à une violente colère, qui
fait trembler les lettres dans ses mains.)

BUQUET

Regardez le représentant et Verrat ! Quelles mines
ils ont ! il y a quelque chose de grave....

QUESNEL, violemment agité

Où est d'Oyron ?

Chez sa maîtresse probablement, la fille du juge de paix, rue des Hommes-Armés.

QUESNEL

Deux officiers : Vidalot, Buquet. Allez. Ramenez-le sur le champ. Ne le laissez s'éloigner ni parler à personne, sous aucun prétexte que ce soit.

JEAN-AMABLE

Qu'y a-t-il donc ?
(Vidalot et Buquet sortent.)

QUESNEL

Abomination ! Où est l'homme qui a porté ces lettres ?

VERRAT

Ici.

LES OFFICIERS, agités, inquiets

Que s'est-il passé, citoyen ? — Verrat, des nouvelles graves ? — Quoi, c'est une trahison ? — Nous sommes trahis ?

QUESNEL, sans écouter, au paysan

Gredin, écoute.

LE PAYSAN

Grâce !

QUESNEL

Qui t'a chargé de cette lettre ?

LE PAYSAN

Pardon, pardon.

QUESNEL

Réponds.

LE PAYSAN

Le major de Zastrow.

VERRAT

L'aide de camp du roi de Prusse?

LE PAYSAN

Oui.

QUESNEL

Combien de fois t'a-t-il déjà chargé de ce message?

LE PAYSAN

C'est la première fois que je suis envoyé. C'est d'autres qui étaient venus. Grâce! Je ne recommencerai plus.

CHAPELAS

Parbleu! — Tu n'as pas besoin de nous le dire.

VERRAT

Tu ne t'y frotteras pas deux fois.

LE PAYSAN

Est-ce que vous allez me tuer?

VERRAT

Un peu, mon petit.
(L'espion se désole bruyamment.)

QUESNEL

Allons, cesse de braire, âne que tu es. Ne savais-tu
pas ce que tu risques? Réponds. — Comment connais-
sais-tu d'Oyron?

LES OFFICIERS, poussant des exclamations

D'Oyron! c'est d'Oyron!

QUESNEL

Veux-tu répondre? Je te ferai donner la schlague,
jusqu'à ce que tes os en cassent.

LE PAYSAN

Ne me tuez pas, mes bons messieurs !

QUESNEL

Tu fais un sale métier, et tu n'en es même pas
digne. Tu ne vaux pas le plomb qu'on te foutra
dans le corps demain.

VERRAT

Depuis quand le traître était-il en correspondance
avec les Prussiens?
(Le paysan s'affaisse, gémissant comme une vieille femme, à
moitié évanoui. Les officiers lui donnent des coups de
botte.)

VERRAT

Rien à tirer de cette ordure. Il est à moitié mort de peur. Emportez-le, il ne ferait que gêner.
(On traîne le paysan comme un sac.)

LES OFFICIERS, tumultueusement

Ainsi, d'Oyron, d'Oyron, il correspondait avec eux !

QUESNEL

Oui, une lettre de l'état-major prussien. Le misérable nous trahissait depuis des semaines.
(Tumulte furieux, où l'on ne distingue que des syllabes au milieu de cris frénétiques ; — des gens hors d'eux, comme fous, gesticulant, s'arrachant les cheveux, hurlant et congestionnés.)

SCÈNE VIII

LES PRÉCÉDENTS, sauf le paysan. VIDALOT et BUQUET revenant avec D'OYRON

BUQUET, entrant le premier, ouvrant la porte

Il était tout près d'ici. Nous l'avons trouvé se promenant.
(Quesnel fait signe au tumulte de s'apaiser. Le bruit s'arrête quelques secondes, juste le temps pour d'Oyron de prononcer deux phrases.)

D'OYRON, surpris

Que se passe-t-il donc ? Me voici, représentant.
(Il est interrompu par une explosion d'injures.)

Quoi? que dites-vous? Nom de Dieu ! (A Quesnel.) Citoyen, fais-les taire ! Je te somme de les faire taire ! J'exige l'explication et le châtiment de ces injures. (Aux officiers.) Qu'un de vous sorte des rangs et ose répéter cela !

JEAN-AMABLE

Vendu ! Traître ! Prussien !

D'OYRON, le saisissant à la gorge

Rétracte ! Rétracte !

(Tous les officiers dégaînent contre lui, et arrachent Jean-Amable de ses mains. — Verrat et Quesnel s'interposent. L'hôtelier et les gens de l'hôtel se pressent à la porte épouvantés, surexcités, et parlent d'une façon indistincte.)

QUESNEL

Silence! Silence! Ecoute, traître. Et vous, citoyens, soyez calmes. Voici la lettre que portait au commandant d'Oyron un espion du roi de Prusse.

D'OYRON, hurlant

C'est faux !

QUESNEL, lisant

« Monsieur le chevalier, c'est avec une joie véritable que je vous donne acte de notre satisfaction pour la sincérité de vos promesses, et l'efficacité de vos bons offices. Peu s'en est fallu que notre état-major ne fût, sans vous, pris au piège de cette nuit. Il me semble pourtant que vous eussiez pu nous prévenir un peu plus tôt. Néanmoins, grâce à votre adroite feinte d'attaque sur le Bretzenheim et à votre fuite

habile, je me plais à reconnaître que vous nous avez
tirés d'un sérieux embarras, et évité un échec dont
les conséquences eussent été des plus graves. Je tiens
à vous assurer que le roi mon maître gardera le souvenir de si précieux services, et qu'il les reconnaîtra
dès que les temps seront plus calmes et la victoire
assurée. Continuez-nous votre aide et vos renseignements. Confiance. D'ici peu la carcasse de ces tueurs
de rois se balancera aux murs de notre pauvre
Mayence. Vous pouvez me répondre par le même
courrier. Il est de toute sûreté.—Signé : DE ZASTROW.»

D'OYRON, qui n'a cessé de se débattre, avec des cris inarticulés, rugit

C'est faux, c'est faux ! tout est faux et absurde ! On
veut me perdre !
(Les officiers vocifèrent.)

VERRAT, à Quesnel

C'est ce que disait Teulier. Rappelle-toi ce matin.
Il se plaignait d'avoir été trahi.

QUESNEL

Oui, tu as raison, Verrat. Il l'a dit en effet. Je
n'y avais pas pris garde : il s'emporte aisément ; je
l'attribuais à sa passion.

CHAPELAS

Et il y a des semaines que cela dure !...
(On entend les vociférations de la foule au dehors.)

QUESNEL

Quoi donc ?

48

Le bruit s'est déjà répandu dans la ville.

Citoyen-représentant, ils cassent tout, ils veulent entrer, ils veulent la tête du traître.

Gardez les portes. Appelez les grenadiers. Chassez la foule. Que la justice s'accomplisse librement !

A la lanterne !

(On voit passer des soldats, et on entend le bruit d'une lutte.)

Il n'arrivera pas à la prison ; il sera écharpé en chemin.

Enfermez-le dans la chambre à côté. Deux hommes avec lui, qui ne le perdent pas de vue d'une minute. Liez-le. Il faut empêcher qu'il se tue.

(On enlève d'Oyron qui écume et qui tremble de fureur et de terreur, les yeux hors de la tête, comme fou. L'agitation frénétique tombe tout d'un coup. Tous semblent épuisés. Silence de mort. On entend l'homme se débattre et crier à côté.)

Que le Conseil se réunisse. D'urgence. Prévenez tous les membres. Les autres, laissez-nous. — Teulier. Allez le chercher.

Teulier n'est plus ici. Tu lui as donné ordre. Il est hors des remparts. Il ne reviendra que dans la nuit.

N'importe, nous ne pouvons attendre ; la ville sait déjà tout. Nous passerons outre ; nous avons assez de témoignages contre lui. — (Très grave, très triste.) Citoyens, avant de commencer, un mot : Ne pensons qu'à la patrie, oublions tout le reste. Amitiés et inimitiés doivent se taire, quand parle la justice. — Et maintenant, délibérons.

RIDEAU

ACTE DEUXIÈME

SCÈNE PREMIÈRE

Même chambre. — La nuit. — TEULIER rentrant.
L'AUBERGISTE

L'AUBERGISTE

Ah! citoyen, te voilà de retour? On ne t'attendait
pas si tôt.

TEULIER

Oui, c'est partie remise. J'ai voulu enlever Mombach : les ennemis étaient prévenus, le diable sait
comment! Il a fallu revenir. Nous recommencerons
demain.

L'AUBERGISTE

Les ennemis étaient prévenus? C'est encore cette
canaille. — Ah! le gredin! En a-t-il fait du mal!

TEULIER

De qui parles-tu?

L'AUBERGISTE

Comment? de qui? — Est-ce que tu ne sais rien?

TEULIER

Rien. Je n'ai rencontré personne. Est-il arrivé quelque chose en mon absence?

L'AUBERGISTE

S'il est arrivé quelque chose? Ah! citoyen Teulier, il s'en est passé des événements depuis que tu es parti. Bon Dieu, qui eût dit cela?

TEULIER

Parle.

L'AUBERGISTE

Tu ne devineras jamais.

TEULIER

Je n'ai pas de temps à perdre. Parle.

L'AUBERGISTE

Il y a que ce scélérat de ci-devant, ce louche aristocrate, le d'Oyron....

TEULIER

Eh bien? d'Oyron....

L'AUBERGISTE

Il nous trahissait, parbleu!

TEULIER

Que dis-tu?

C'est comme je te le dis. Il nous trahissait, citoyen.
Il était vendu à l'ennemi.

Il s'est sauvé ?

Arrêté. Pris la main dans le sac. Impossible de nier.
On le guillotine demain.

Ah ! le gredin ! Voilà une bonne nouvelle ! —
Une sale nouvelle ! — mais qui me fait plaisir pourtant ; car je la prévoyais. Je me défiais de cette
canaille. Tu sais si je le lui ai jamais caché !

C'est une justice à te rendre, citoyen. Tu as le flair
de l'homme vertueux. Tu sens le crime à une lieue.

Il n'y a pas de mérite. Cette figure de tartufe, cette
parole mielleuse et perfide, toute cette écœurante
odeur de mensonge et d'impudence répandue autour
de lui... Il suffisait d'avoir une fois accepté sa poignée
de main humide, ce contact hypocrite et repoussant,
pour se tenir sur ses gardes. — C'est une grande
chance, Rieffel, qu'on ait pris le coquin. Il aurait pu
nous faire un mal terrible.

Il en a dû faire son compte.

Probable ; nous découvrirons le pot aux roses maintenant. — N'importe, je dormirai plus tranquille cette nuit, le sachant en lieu sûr. Voilà l'armée débarrassée de son écume. — Raconte-moi un peu comment ça s'est passé. — Attends, je crève de faim. Donne-moi à manger ; je n'ai rien pris depuis ce matin.

L'AUBERGISTE

Je puis te faire chauffer un peu d'oie rôtie. Mais il te faudra attendre, mes fourneaux sont éteints. Ou, si tu es pressé, veux-tu du cochon froid ?

TEULIER

Ce qui sera prêt ; n'importe. J'ai hâte de dormir. (L'aubergiste sort. — Seul.) Ainsi, mes prévisions ne m'avaient pas trompé ! c'était pour nous trahir qu'il était avec nous. C'est singulier. Avoir de la noblesse, de l'intelligence et du courage, et mettre tout cela au service d'une si ignoble tâche ! Il faut être bien corrompu pour se déshonorer à plaisir, quand rien ne vous y force. Traître par désœuvrement ! C'est singulier ! — Et comme il avait su mener son jeu, sans se démentir une fois ! Car il n'y a pas à le nier, il s'est bien battu pour la bonne cause depuis six mois. Une telle force de dissimulation !

L'AUBERGISTE revient, tenant un plat

Oui, citoyen, c'est incroyable. On se demande comment il a pu s'imposer cette contrainte. C'est que cela durait depuis des mois, pense donc.

TEULIER

Vraiment?

L'AUBERGISTE

On a les preuves. — Toute une correspondance
avec le roi de Prusse. Des lettres de lui, depuis le
commencement du siège.

TEULIER

Mais qui a mis la main dessus?

L'AUBERGISTE

C'est Verrat.

TEULIER, léger sursaut

Ah! Verrat! — Vraiment? — Quand a-t-il trouvé
cela?

L'AUBERGISTE

Il n'y avait pas vingt minutes que tu étais parti.
On a arrêté un espion portant des lettres...

TEULIER

Et on l'a interrogé, cet espion?

L'AUBERGISTE

Oh! lui, il ne voulait pas convenir... il disait qu'il
ne savait pas ce qu'on voulait dire... Hein! fallait-il
qu'il s'entendît bien avec eux, ce gredin!

TEULIER

C'est bon, laisse-moi.

Tu ne veux plus rien ?

Non.

Tu ne manges pas. Est-ce qu'il n'est pas bon ?
(Il montre le plat.)

Si. Tout à l'heure. Je suis fatigué.
(L'aubergiste sort.)

SCÈNE II

TEULIER seul. — Teulier ne parle pas pendant quelque temps. Il se balance sur sa chaise, en regardant dans le vide. Puis il se lève, se promène machinalement avec des yeux préoccupés, quelques gestes et des mots entre-coupés qui n'ont pas de sens. Il s'arrête et se passe la main sur le front.

J'ai la tête vide. Je me suis trop fatigué aujour-d'hui. (Il s'assied.) C'est curieux, je n'ai plus faim. Il faut manger pourtant. (Il approche son assiette, mais ne mange pas.) C'est un bonheur qu'il soit arrêté. La canaille, voilà donc pourquoi il désirait cette expédition contre les émigrés. Il se sentait filé ; il cherchait à s'échapper après avoir pris note de notre plan de défense. Et alors, il lui eût été facile... (Il laisse tomber sa pensée.) Verrat, c'est Verrat qui... (Reprenant machinalement.) Il lui eût été facile... « Une balle intelligente peut arranger les choses...» — (Irrité.) Ah ! ça, qu'est-ce que j'ai donc ? Je ne suis plus capable de finir une phrase ! — (Il repousse son assiette et se lève.) Une correspondance avec le roi de Prusse ! et depuis des mois ! Je venais de partir, dit Rieffel. — Il défendait Brunswick encore ce matin, il admirait la tactique prussienne... — Mais ce frère, ce frère acharné à le perdre, toutes ces machina-tions parties du camp des émigrés... Tonnerre ! (Il souffle; il s'assied de nouveau.) Voyons, du calme, Teulier. Tu perds la tête. Raisonne un peu. Ce que t'a dit d'Oyron n'était peut-être qu'une ruse de plus. Toute la question, c'est de savoir s'il a imaginé ce conte pour détourner tes soupçons. S'il y a, comme dit l'autre, des pièces évidentes, des lettres écrites par lui, toute une correspondance saisie... (Il se lève et va brusquement à la porte. Appelant.) Rieffel ! — (Plus fort.) Rieffel !

(L'aubergiste accourt.)

L'AUBERGISTE

Eh bien, eh bien, tu vas réveiller toute la maison. Que veux-tu, citoyen ?

TEULIER, repoussant le plat.

Emporte ça. C'est cru, c'est répugnant ; cela sent le suif !

L'AUBERGISTE

Par exemple ! Le citoyen Chapelas a dit que de sa vie...

TEULIER

Assez. Ne réplique pas. — Attends : tu étais là quand on l'a arrêté ?

57

Le traître? — Sur cette porte. C'était effrayant. Ils
étaient tous comme des bêtes féroces....

Sais-tu si les lettres qu'on a trouvées étaient de la
main du...

Du gredin? Ah! dame, je ne sais pas. Ils se sont
enfermés pour le conseil. — Des lettres de lui, ou des
lettres à lui, je ne peux pas dire; mais c'est la même
chose. En tout cas, il y avait des lettres.

Va. (L'hôtelier sort. — Seul.) Il serait absurde, s'il avait
écrit des lettres aux Prussiens, qu'on ait pu les
trouver sur l'espion qui portait leur réponse.—Mais
alors, s'il n'a été condamné que sur des lettres écrites
par eux... Ah! bon Dieu! qu'ont-ils fait!
(Il va à la fenêtre et l'ouvre. — L'aubergiste rentre un instant
pour desservir la table.)

Mais, citoyen, tu fais entrer la neige. Tu vas nous
geler tous.

Je t'ai dit de me laisser. (L'aubergiste s'en va en levant les
bras. — Seul, assis de nouveau.) J'avais bien besoin de revenir
ce soir! Sans ce maudit contretemps, je serais à
Mombach, je passerais la nuit au camp, et demain...
C'est un gredin, après tout. Que nous en soyons

débarrassés, et qu'on n'en parle plus. — (A lui-même.) Lâche ! Tu mériterais que je te brûle la cervelle. — Que puis-je faire ? Que dois-je faire ? Je n'ai pas le choix. Je dois demander, m'informer, me rendre compte par moi-même. — Oui, c'est cela. Il faut aller chez Quesnel. — (Il ne bouge pas.) Aller tout de suite. — (Il reste assis.) Eh bien ? — (Il ricane de lui-même.) J'ai les jambes molles et courbaturées. J'ai... j'ai peur. Je serai bien avancé après, si je vois... ah ! je connais Verrat : que n'a-t-il pas osé ? (Il se lève, boit une gorgée à la carafe.) Marche. Si j'hésite tant, c'est que je sais déjà. J'irai jusqu'au bout.

(Il fait quelques pas vers la porte de Quesnel.)

SCÈNE III

QUESNEL, TEULIER

QUESNEL, à demi déshabillé, entr'ouvre sa porte

Quel est le bougre qui fait ce vacarme ? — C'est toi, Teulier. Que le diable t'emporte ! Il y a une demi-heure que tu grondes tout seul. A qui en as-tu ?

TEULIER

Tu dormais, Quesnel ?

QUESNEL

Dormir, est-ce que je sais ce que c'est ? Depuis ce matin, elle n'a pas cessé de me travailler le corps.

De quoi parles-tu?

De ma diablesse, parbleu. Ma goutte. Impossible de fermer l'œil. — (Avec angoisse.) Et ce n'est pas tout, Teulier, je le sens venir.

Qui?

L'accès. Mes coliques néphrétiques. Elles se préparent depuis quelques jours. — Ah! pourriture de chair!

Prends-tu quelque chose?

Il n'y a qu'une chose qu'il me faudrait, c'est le repos, les eaux. Faute de cela, le médecin me l'a dit, je serai enlevé d'un jour à l'autre. Qu'y faire? Il ne s'agit pas de nous. Il s'agit de la pauvre patrie qui est bien malade aussi, et que nous sauverons, n'est-ce pas, Teulier? — Nous, nous y resterons tous.

Ne te décourage pas si vite.

Je ne me décourage pas. Je sais que Custine ne pense plus à nous. Ce matin, je ne voulais pas

leur dire. Mais le général Moustache se garderait bien
d'user sa gloire à tâcher de nous débloquer. Il nous
laissera pourrir ici. Nous y passerons tous, l'un après
l'autre. — Ah! tant mieux, tant mieux, va; je voudrais que ça fût demain.

TEULIER

Tu souffres, citoyen?

QUESNEL

Oui. — Ah! la guenille, comme elle se joue de
moi! — Allons, sacrebleu, laissons cela! Quand on
fait attention à elle, la truie s'en donne à cœur joie.
— Parlons d'autre chose.

TEULIER

C'est ce que je voulais justement.

QUESNEL

Tu avais quelque chose à me dire? Tu n'es donc
pas fatigué? tu peux dormir, toi.

TEULIER

Non, je ne pourrais pas plus que toi, cette nuit.

QUESNEL

Es-tu souffrant aussi? Tu as la figure couverte de
sueur. On gèle pourtant ici. Bougre, ferme donc la
fenêtre. — Tu es malade?

TEULIER

C'est moralement que je suis malade.

QUESNEL

Pas la peine d'en parler alors. Il n'y a de souffrances que celles du corps.

TEULIER

Tu es aigri ; tu ne penses pas ce que tu dis.

QUESNEL

Mal à l'âme ! On ne peut beaucoup souffrir de ce qui n'existe pas.

TEULIER

Respecte ta raison. Tous les jours, tu exposes ton corps à la mitraille pour défendre la sainte Liberté de l'atteinte des tyrans.

QUESNEL, radouci

Ne m'écoute pas. C'est encore un accès. — Parle, camarade. Qu'est-ce qui te tourmente ?

TEULIER

Cela m'est dur à te dire. — Voilà : vous avez condamné d'Oyron à mort.

QUESNEL

Faute de mieux. Il méritait davantage. Enfin, ce sera assez pour lui.

TEULIER

Vous vous êtes bien pressés.

62

Il fallait se hâter. La ville savait tout. On devait rassurer l'opinion par un coup de foudre.

TEULIER

Qu'a-t-il dit pendant le procès?

QUESNEL

Tu ne l'aurais pas reconnu; il était bien changé. Les premières minutes, il avait encore son air d'arrogance. Puis, tout de suite, abattu comme d'un coup de massue, tout rouge, cramoisi, les yeux lui sortant de la tête, il haletait; il luttait désespérément; il avait l'air d'un loup forcé et pantelant.

TEULIER

A-t-il avoué?

QUESNEL

Jamais. — Seulement, au commencement, il niait de façon furieuse. Peu à peu, sa voix s'est enrouée, et il se contentait à la fin de secouer la tête avec haine. Il sentait bien qu'il était perdu, qu'il n'y avait plus rien à faire.

TEULIER

Et avec l'autre, l'espion, — l'a-t-on confronté?

QUESNEL

Naturellement. Mais il a feint de ne pas le connaître. Je ne vois pas d'ailleurs comment il aurait pu agir autrement.

J'aurais voulu être là.

Ce n'était une fête pour aucun de nous. Rien de pénible comme cet écroulement.

Crois-tu que j'aie dit cela, parce que j'aurais voulu me rassasier de l'humiliation de mon ennemi ?

Je pensais.

Merci. — J'ai plaisir à casser l'orgueil de ceux que je hais ; mais je ne recours pas à la justice pour cela.

Tu es bien agité ce soir.

Quesnel, vous êtes sûrs, dis-moi, vous êtes bien sûrs ?

Quoi ?

De son crime ?

Quoi ? il te reste un doute ? — Ne sais-tu pas sur quelles preuves écrasantes il a été condamné ?

TEULIER

Plusieurs lettres, ou une seule?

QUESNEL

Une seule, mais qui en vaut dix, par la mention qu'elle fait de toute une correspondance antérieure.

TEULIER

Une seule lettre! il faut y regarder à deux fois avant de condamner un homme sur un bout de papier.

QUESNEL, irrité

C'est bon, Teulier, c'est bon. Je sais lire.

TEULIER

Ne te fâche pas, citoyen.

QUESNEL

Tu es diantrement injurieux. Crois-tu que nous jugions de la vie d'un homme à l'étourdie? D'où te vient cette défiance?

TEULIER

Qui nous dit que ce n'est pas un système de nos ennemis pour ébranler la confiance parmi nous, et pour nous détruire les uns après les autres? Si nous acceptons de tels témoignages contre nous-mêmes, ne pouvons-nous tous craindre, à tout moment?

QUESNEL

Je n'attends rien de bon des hommes : je les con-

nais, les pires férocités ne peuvent me surprendre.
Mais rien n'autorise cette pensée. D'Oyron est moins
à craindre pour eux, que toi ou que Verrat. Pourquoi se seraient-ils attaqués à lui plutôt qu'à vous ?

TEULIER

La tâche était plus aisée ; et ils le haïssent plus.

QUESNEL

C'est un des leurs.

TEULIER

Depuis des semaines, ils s'acharnent à sa perte.

QUESNEL

Qu'en sais-tu ?

TEULIER

Il l'a dit, ce matin.

QUESNEL

Qui ? d'Oyron ? qu'a-t-il dit ?

TEULIER

Il se plaignait avec fureur des ruses scélérates, our-
dies contre lui par les émigrés, afin de le compromettre, des dénonciations, des lettres anonymes.

QUESNEL

Il t'a dit cela, à toi ?

TEULIER

Verrat était présent, et Chapelas.

Ils ne m'en ont rien dit.

Je m'en doute bien.

Pourquoi? — Teulier, tu soupçonnes quelqu'un.
Prends garde, Teulier, je ne te demande rien. Prends
garde, tu es tout prêt de commettre un crime.

D'en empêcher un.

Attends. Ne parle pas. Sors dans la rue; va prendre
l'air; ton imagination est surchauffée. Nous avons
eu tort d'engager cette discussion si tard, après les
fatigues de ta journée, deux nuits sans dormir.
Couche-toi. Nous recauserons de cela plus tard. Une
fois que tu auras ouvert la bouche, je ne pourrai plus
rien arrêter; il faudra que je t'écoute jusqu'au bout,
et que je te juge toi-même.

C'est bon. En me rappelant ce que je risque, tu me
rends la force de l'oser. Me voici prêt.

Teulier.

TEULIER

Silence, citoyen représentant. Ton devoir est de m'entendre. Juge-moi, ou je te juge.

QUESNEL

Parle.

TEULIER

La lettre d'abord. (Quesnel veut se lever.) Ne bouge pas. Je vais la prendre.

QUESNEL

Sur la table, sous le globe de verre. (Teulier sort. — Seul un instant.) Ainsi... Ainsi... — Impossible. Cela n'est pas. Il ne faut pas que cela soit... — (Teulier revient avec la lettre.) Regarde, Teulier; cette lettre est précisément d'accord avec ce que tu nous as dit toi-même dans le conseil. Ton expédition manquée par la faute de d'Oyron, sa feinte d'attaque sur le Bretzenheim, la fuite de sa colonne.

TEULIER

Calomnies pour le perdre.

QUESNEL

Tu l'accusais ce matin. Tu as été jusqu'à dire que s'il s'était entendu avec les Prussiens, il n'eût pas agi autrement.

TEULIER

Eh ! tu sais bien comme je suis violent. Quand la passion m'emporte, je fonds tête baissée, ne pensant qu'à broyer l'adversaire. J'en voulais à d'Oyron ; il n'a pas l'enthousiasme sacré et le souffle qu'il faut

pour enlever nos bataillons de sans-culottes; il me
désobéit, il me pousse à bout par son insolence d'a-
ristocrate. Mais rien dans ce qu'il fit hier ne peut
être suspecté. Il prit le Bretzenheim et passa la gar-
nison au fil de l'épée. Il n'opéra pas, c'est vrai, sa
jonction avec moi. Mais mon plan était imprudent,
et peut-être sa diversion a-t-elle sauvé l'armée. Au
point de vue de la stricte discipline, il est coupable
de n'avoir point obéi ; mais qui oserait l'accuser
sérieusement d'avoir su changer à propos des dispo-
sitions erronées? Ma surprise a échoué : la faute en
est à moi, autant qu'à lui. Il n'y a qu'un ennemi ; —
et un ennemi très au courant de nos dissensions,
— pour tâcher de le perdre sous un semblable
prétexte, qui satisfait nos rancunes.

QUESNEL, après être resté quelque temps à réfléchir d'un air sombre, en
se grattant la tête, se lève

L'espion.

(Teulier va à la porte, l'ouvre et appelle.)

TEULIER

Decaen.

UN SOLDAT

Mon commandant.

TEULIER

Amène-nous le Prussien. (Le soldat sort. — Quesnel marche
péniblement et avec agitation.) Tu ne devrais pas marcher,
Quesnel; tu vas te faire du mal.

QUESNEL, furieux

Au diable ! fous-moi la paix !

(Un silence.—Ils ne se regardent pas, ni l'un ni l'autre, préoccupés,
absorbés.)

SCÈNE IV

LES PRÉCÉDENTS, deux soldats amènent l'ESPION

TEULIER, aux soldats

C'est bon. Sortez. Gardez la porte.

LE PAYSAN, s'avançant vers les deux hommes avec une expression
de joie craintive

Merci, merci.

QUESNEL, surpris

A qui en as-tu, animal? (Le paysan remue les lèvres, balbutie,
en regardant sournoisement les deux officiers de ses yeux clignotants,
recule de quelques pas, et se tait.) Tu es Jacob Gabel du village
de Weisenau?

LE PAYSAN

Oui, monsieur le général.

QUESNEL

Appelle-moi citoyen.— Tu as été envoyé par l'état-
major de Prusse pour porter des lettres secrètes?

LE PAYSAN

Oui, citoyen, j'ai tout avoué, j'ai tout avoué.

QUESNEL

Qui t'a chargé d'une lettre pour le citoyen commandant d'Oyron?

J'ai tout dit, je vous jure ; je ne sais rien de plus,
rien de plus que ce que j'ai dit à M. le commandant.

QUESNEL

Quoi?

TEULIER

Quel commandant?

LE PAYSAN, prudent, méfiant

Est-ce que...?

QUESNEL

Eh bien?

LE PAYSAN

Est-ce qu'il ne vous a... rien...

QUESNEL

Vas-tu parler?

(Le paysan, après les avoir bien regardés de ses yeux peureux et
rusés, prend une expression fausse et fermée.)

LE PAYSAN

Mais rien; je n'ai rien à dire.

(Teulier observe attentivement l'espion qui baisse les yeux.)

QUESNEL

C'est le major de Zastrow lui-même qui t'a remis
la lettre pour d'Oyron ?

LE PAYSAN

Oui, citoyen.

Est-ce que d'Oyron écrivait là-bas?

Oui, citoyen.

Tu es bien sûr?

Sûr.

Comment le sais-tu?
(Le paysan se tait.)

Est-ce que tu as porté des lettres de lui?

Oui, citoyen; — c'est-à-dire non; ce n'est pas moi:
c'est Güllich, Gottfried Güllich d'Obermoschel.

Il a porté beaucoup de lettres de lui?

Des masses.

Tu le jures?

Oh ! citoyen, sur le bon Dieu !
(Il fait un signe de croix.)

TEULIER

Il ment.

QUESNEL

Va-t-en.

LE PAYSAN, tremblant d'émotion

Alors je peux m'en aller ?

QUESNEL

Oui, puisque je te le dis.

LE PAYSAN

Je peux m'en retourner vraiment ? Oh ! citoyens !
Oh ! citoyens !

QUESNEL

Qu'est-ce que cela signifie ? T'en retourner ? Où
cela ?

LE PAYSAN

Mais chez moi, à Weisenau, comme vous m'avez
promis.

QUESNEL

Tu divagues. A la prison, drôle ! Tu ne sortiras de
là que pour la guillotine.

LE PAYSAN, saisi

Ça n'est pas vrai !

QUESNEL, *haussant les épaules*

Tu verras bien.

LE PAYSAN

Citoyen! — mais tu m'as fait grâce!

QUESNEL

Moi?

LE PAYSAN

Vous m'avez promis!

QUESNEL

Je t'ai promis?

LE PAYSAN

Pas toi, — le commandant.

TEULIER

Quel commandant?

LE PAYSAN

Le commandant Verrat.

TEULIER

Le commandant Verrat t'a promis quelque chose? Il a causé avec toi? Quand t'a-t-il vu? Que t'a-t-il dit?

LE PAYSAN, *éperdu*

Il ne vous a rien dit? Vous ne m'avez pas fait grâce? — Ah! le brigand! il m'a trompé!... Pitié, citoyens! Sauvez-moi! Je dirai tout.

Parle.

LE PAYSAN

Est-ce que vous me sauverez au moins, vous autres, si je dis la vérité?

QUESNEL

Non. La Convention n'arrache point la vérité par un mensonge. Tu mourras.

LE PAYSAN, haineux

Eh! que m'importe alors que vous vous tuiez les uns les autres! Si vous pouviez vous condamner tous avec moi, cela me ferait plaisir.

TEULIER

Donc d'Oyron n'est pas coupable?

LE PAYSAN

Il est coupable, et toi aussi, et vous tous, vous êtes coupables.

QUESNEL

Nous n'en tirerons rien.
> (Le paysan s'achemine vers la porte, en titubant, ramassé sur
> lui-même, contracté de peur et de haine. — Brusquement, il
> se retourne, et revient furieusement.)

LE PAYSAN

Non, il faut d'abord qu'il me le paie.

QUESNEL

Qui?

LE PAYSAN

Taisez-vous, je vas tout raconter. Je voudrais que
vous fussiez tous crevés comme des chiens,— mais lui
d'abord, la carne! — Ecoutez. J'ai dit que je voulais
révéler quelque chose.

QUESNEL

Quand cela?

LE PAYSAN

Hier, dans l'après-midi, j'ai dit que je voulais
parler. — Le commandant est venu. Nous étions
seuls. Alors je lui ai raconté tout.

TEULIER

Quoi?

LE PAYSAN

Tout. Tout ce qui est vrai. Que la lettre n'est pas
vraie. Que c'était pour perdre le commandant d'Oyron. Que c'est le frère, le comte d'Oyron, qui me l'a
donnée, pour se venger de lui; qu'il disait qu'il ne
serait content que quand il l'aurait fait pendre par
les sans-culottes. Que je devais m'arranger pour
laisser saisir le papier. — Tout, j'ai tout raconté.
(Teulier et Quesnel se regardent épouvantés.)

QUESNEL, d'une voix étranglée

C'est faux.

Je lui ai fourni les preuves.

Quelles preuves?

Les Prussiens ont écrit il y a quelques jours à un d'ici, Melchior Haupt, le professeur, pour le mettre au courant du tour qui se préparait, et de ce qu'on attendait de lui. Je devais lui remettre la lettre du major de Zastrow à d'Oyron, et Melchior te l'eût portée ensuite.

Après ?

Après, c'est tout.

Verrat ?

Il n'a rien dit ; il m'a écouté ; puis il s'est mis en colère ; il sacrait en donnant des coups de pied au mur. Puis il m'a dit que je mentais, que si je continuais à mentir, on me couperait la tête. J'ai dit que je ne mentais pas ; mais il m'a mis son poing sous le nez, et il jurait avec un bruit épouvantable. Alors j'ai demandé si, en ne mentant pas, je ne serais pas condamné : et il a dit que oui, qu'on me ferait grâce. Alors il est parti ; et moi, j'ai attendu tout le jour

qu'on vînt me chercher. Et quand vous m'avez fait
demander, j'ai cru que vous alliez me mettre en
liberté. — Ah ! le gueux ! il m'a trompé !

QUESNEL

Va-t-en.

(Le paysan va vers la porte, l'ouvre, se retourne vers les
officiers, et les injurie.)

LE PAYSAN

Buveurs de sang ! Sales Français ! tueurs de rois !
Les soldats l'entraînent.)

SCÈNE V

TEULIER, QUESNEL. — Teulier et Quesnel atterrés restent
sans parler, sans oser se regarder. — Teulier se lève
enfin, et touche l'épaule de Quesnel.

TEULIER

Allons.

QUESNEL

Tonnerre ! Comment savoir ? Comment sortir de
toutes ces saletés ? Que faire, Teulier ? Que faire ?

TEULIER

Casser la condamnation. Il en est temps encore.

QUESNEL

Temps encore? Y as-tu seulement réfléchi?

TEULIER

Il est deux heures. A six, l'exécution. Il y a donc quatre heures. Qu'as-tu besoin de plus?

QUESNEL

Ce serait quatre jours au lieu de quatre heures, que je ne serais pas plus avancé.

TEULIER

Quoi? il suffit d'un trait de plume!

QUESNEL

Que je gracie d'Oyron? Et que dira-t-on à Mayence?

TEULIER

Que t'importe?

QUESNEL

On dirait que j'ai des indulgences pour les traîtres, que je m'entends avec eux, que je prends mes arrangements en prévision de la défaite.

TEULIER

Est-ce pour l'opinion que tu travailles?

QUESNEL

Je ne dois point l'ébranler, l'affaiblir en ce moment.

TEULIER

Dis-leur qu'il est innocent.

QUESNEL

Ils ne me croiront pas.

TEULIER

Dis-le à l'état-major.

QUESNEL

Il ne me croira pas davantage, et ceux qui me
croiraient seraient suspects demain.

TEULIER

Citoyen, je pense rêver. Crois-tu que d'Oyron est
innocent ?

QUESNEL

Je le crains maintenant.

TEULIER

Donc tu vas le sauver ?

QUESNEL

Je ne sais pas.

TEULIER

Tu ne vas pas le sauver ?

QUESNEL

C'est peut-être impossible.

TEULIER

Il te sera impossible de sauver l'innocent que tu as condamné?

QUESNEL

Innocent! Il faudrait le prouver innocent aux autres.

TEULIER

Prouve-le : tu en as les moyens.

QUESNEL

Quels moyens? Je ne sais pas, après tout, s'il est innocent.

TEULIER

Tu ne sais pas?

QUESNEL

Le témoignage d'un espion. Il a commencé par mentir avec nous. Qui me dit qu'il n'a pas menti jusqu'au bout ?

TEULIER

Tu n'as donc pas vu ses yeux, son émotion? Tu n'as pas entendu son accent de sincérité désespérée?

QUESNEL

Eh ! que sais-je maintenant?

TEULIER

Il t'a indiqué ses preuves. Ce plan de la trahison.

Ces lettres à Melchior Haupt. Fais perquisitionner chez lui.

QUESNEL

Ou l'espion a menti, et l'on ne trouvera rien. Ou il a dit vrai, et les lettres auront été déjà brûlées ; — à moins que.... Crois-tu que quelqu'un ne nous aura pas devancés ?

TEULIER

Oui ; Verrat ; rappelle-le ; réclame-lui les documents.

QUESNEL

Il niera.

TEULIER

Confronte-le avec l'espion.

QUESNEL

Sauver ainsi d'Oyron, c'est condamner Verrat.

TEULIER

Qui en doute ?

QUESNEL

Tu voudrais publiquement que la dégoûtante accusation fût jetée à la face de cet homme terrible ?

TEULIER

Saint-Just ferait dresser l'échafaud cette nuit, sur les remparts, devant les deux armées, et l'y ferait monter.

82

Je le ferais en temps de paix ; mais ici, je ne puis décimer mes propres forces. D'Oyron gracié reste suspect. Verrat condamné, le doute règne partout. Et enfin, je ne puis me passer de Verrat. J'ai besoin de lui. — Écoute. Tu entends le canon ? — C'est lui qui se bat en ce moment. — Verrat condamné, il me manque la moitié de l'armée. Qui sait entraîner comme lui les hommes ? Ils ont pris Kostheim ce soir. Par cette nuit glaciale, ils ont passé le Mein. Ils aiment ce diable poilu, qui leur fait casser la tête, et qui les mène au feu sous une bordée d'injures. Ils l'aiment pour cela. Il est maître de sa légion. Si on l'arrêtait, il y aurait une révolte. Ils ne me pardonneraient jamais.

Gagne du temps ; retarde l'exécution. Prétends qu'il te faut encore prolonger l'enquête. Préviens la Convention.

Impossible. Le peuple, l'armée ont été affolés par la nouvelle. L'opinion est énervée et accuserait l'état-major. Quant à la Convention, il n'y faut pas compter. Verrat nous a été envoyé par les Jacobins. Il est ami de Fouquier, de Hébert ; le *Journal de la Montagne*, tous les aboyeurs du club sont pour lui.

Silence à ces raisons indignes. Quand on voit où est la justice, on l'impose aux partis. Tu risques ta tête à tout instant pour la patrie. Ne peux-tu l'exposer pour la justice ?

J'aime mieux ma patrie que la justice.

Sépares-tu l'une de l'autre? Ah! ça, pourquoi crois-tu que nous nous faisons casser la tête ici? Est-ce pour l'ambition de quelques Jacobins? C'est pour la justice, Quesnel, que la nation s'est levée en armes. Le jour où elle la violerait, elle ne serait rien de plus qu'un des repaires de tyrans où nous portons la hache. Elle s'effacerait du monde. — La France oppressive, et bourreau à son tour! J'aimerais mieux la briser de mes mains, comme ceci!

(Il brise entre ses mains une règle, qu'il a prise sur la table en parlant.)

SCÈNE VI

LES PRÉCÉDENTS. — UN SOLDAT entre hors d'haleine

Citoyens !

Un courrier.

C'est fait! nous les avons!

Les îles sont prises?

Vainqueurs ! Les sans-culottes ont repoussé les bien-vêtus. Nous les avons frottés et envoyés souper dans le Mein, la tête en bas, avec les carpes. Ah ! citoyens, ç'a été beau ! — Tu permets ? la langue me colle. (Il boit au flacon et dans le verre de Teulier.) Toute la nuit, j'ai mangé des cartouches. — L'île Kopf est à nous ! Tonnerre, quelle bataille ! — Vous n'avez jamais vu ça, mes petits.—Le commandant Verrat... ah ! le bougre ! c'est un lion ! on ne lui voit plus que les yeux ; il est tout noir de poudre.... Imagine, citoyen, ce que ce sacré bon gas a inventé pour nous faire passer. Pour détourner l'ennemi, tandis que nous allions sur nos radeaux, ce diable-là croisait dans le canal, entre la rive et l'île, sur un bateau avec trente hommes et deux pièces de canon, pour attirer sur lui l'attention des Prussiens. Une heure, il est resté ; il attirait tous les boulets sur lui avec ses grands bras : c'était à faire trembler. Pendant ce temps, nous passions. Il n'a voulu revenir que quand le bateau coulait. — Et le combat après, corps à corps, comme des bêtes ! Verrat a scié la gorge au commandant ennemi. — Si las que nous étions, fatigués à crever, nous l'avons pourtant porté sur nos épaules, comme un Romain, tout autour de l'île que nous venions de conquérir. — Il m'a dit de venir pour te raconter cela. Ça me coûtait de partir ; mais quand ce bougre parle, il n'y a qu'à obéir. — Ils font un bruit là-bas ! Ils l'acclament général !

QUESNEL

C'est bien. Va prendre quelque chose à la cuisine, et retourne.

(Le soldat sort.)

SCÈNE VII

TEULIER, QUESNEL

QUESNEL

Tu vois bien, Teulier. Je ne puis frapper ce brigand.

TEULIER

Eût-il quarante victoires, il doit compte de son crime.

QUESNEL

Plus tard. Laisse-moi faire. Après le siège, si nous sommes encore de ce monde.

TEULIER

Le sang innocent aura coulé par nous. — Jamais !

QUESNEL

Teulier, souviens-toi que toi-même m'avertis que d'Oyron nous trahirait un jour.

TEULIER

J'ai dit qu'il fallait prendre garde, et je le dis encore. Mais il est innocent aujourd'hui.

QUESNEL

Tu n'en sais rien, Teulier. Et dis-toi que ce n'est

pas pour l'affaire d'aujourd'hui, mais pour les dangers à venir que nous nous débarrassons de lui.

TEULIER

Sophisme indigne de la nation. Toutes les férocités, s'il le faut; mais pas un mensonge!

QUESNEL

Je ne puis frapper Verrat. Il y aurait une insurrection.

TEULIER

Donne-moi tes pouvoirs, et je me charge de l'arrêter à la tête de son armée.

QUESNEL

Tiens-toi tranquille, Teulier, il n'y a rien à faire.

TEULIER

Quoi, tu n'agiras point! Tu garderas la marque du soufflet sur ta joue, ta part du crime....

QUESNEL

Verrat n'est pas coupable.

TEULIER

Tu n'oserais le jurer.

QUESNEL

Eh bien, s'il y a un crime, qu'il retombe sur moi!

87

TEULIER

Tu as les reins solides ; mais moi, je ne puis
pas. Que dirait ma conscience ? Quelles tortures
jour et nuit, si je pouvais me taire !

QUESNEL

Eh ! que m'importe ta conscience ? Il s'agit de
sauver la patrie, et tu penses à toi-même, à tes insom-
nies, à tes souffrances morales, à je ne sais quelles
inquiétudes ! Tu souffres, tu souffres, dis-tu ? Et
moi, est-ce que je ne souffre pas ? Souffre en
silence, malheureux, mais épargne la patrie ! Ne
lui avons-nous pas fait le sacrifice de tout ? Nos
biens, nos santés, nos vies, nos affections, n'avons-
nous pas tout jeté dans le gouffre, comme Décius ?
Si la patrie l'exige, jettes-y ta conscience, et
jette-toi toi-même !

TEULIER, entêté

Rappelle Verrat.

QUESNEL, irrité

Assez. J'ai dit non. Obéis.

TEULIER

Je ne dois obéissance qu'au conseil, non à toi.
Tu vas le réunir.

QUESNEL

Que veux-tu faire ?

TEULIER

Fais réveiller les officiers; mande ceux qui sont
aux murailles; rappelle Verrat; convoque le conseil.

QUESNEL

Tu te perds, et tu nous perds. Réfléchis, réfléchis.

TEULIER

Ma résolution est prise. Si toi, tu n'oses pas, moi,
je parlerai.

QUESNEL

Prends garde, tu vas être criminel à ton tour. Tu
veux faire ton devoir. Ton premier devoir est de
vaincre, de nous aider à vaincre. Si tout à l'heure
Verrat te disait que tu es un traître, c'est Verrat
qui aurait raison.

TEULIER

Condamne-moi donc si tu l'oses !

QUESNEL

Au nom de notre amitié, Teulier !

TEULIER

Je n'en veux plus.

QUESNEL, menaçant

Ne me pousse pas à bout. Je te combattrai, Teulier, car tu vas faire le mal.

TEULIER, obstiné

Rappelle Verrat.

QUESNEL

Malheureux, tu vas jeter ici la haine, le soupçon,
la guerre civile !

TEULIER, avec une violence concentrée

Que la justice se fasse, et que le ciel croule !

RIDEAU

ACTE TROISIÈME

SCÈNE PREMIÈRE

Même salle. — Le matin, au petit jour. — Conseil des officiers,
comme au premier acte, sauf d'Oyron et Verrat ; mais les
officiers ne sont pas groupés autour de la table. Quelques-
uns seulement : Quesnel, Vidalot, Chapelas sont assis. Les
autres restent debout, près de la cheminée, avec leurs
manteaux sur les épaules, ou se promènent, vont et
viennent vers la fenêtre. On sent continuellement parmi
eux la préoccupation de ce qui se passe au dehors, de la
bataille qui continue.

QUESNEL

Citoyens, c'est à regret, et sur les instances de l'un
des vôtres, que je vous réunis à cette heure matinale,
pour décider d'une affaire urgente.

LES OFFICIERS

Des nouvelles, Quesnel? — Un courrier de Custine?
— Un message de la Convention? — Verrat a pris
les îles. — Je sais, je sais, ç'a été magnifique. — Il
est mort du monde, cette nuit.

QUESNEL

Il s'agit du condamné.

CHAPELAS

Quoi! c'est pour cette canaille que tu me fais venir en hâte de Kastel?

VIDALOT

Le fait est, citoyen, que nous avons assez de fatigues pour qu'on ne nous empêche pas de dormir, quand par hasard nous le pouvons.

BUQUET

Sacrebleu! c'était pour cela! pour cela! On ne dérange pas les gens ainsi. J'étais nécessaire là-bas.

QUESNEL

Il est cinq heures et demie. On le guillotine dans une demi-heure. Il y avait urgence.

CHAPELAS

Pourquoi? C'est jugé, signé; toutes les formalités sont remplies. Est-il nécessaire que nous assistions à sa crevaison?

VIDALOT, sans écouter

Hein! ce Verrat! qu'en dis-tu?

BUQUET, de même

Prodigieux. Il a sauvé Mayence.

VIDALOT

Les Prussiens doivent réfléchir à cette heure. Encore une ou deux frottées de ce genre, et nous les verrons penauds rentrer dans leurs repaires.

BUQUET

Le petit Jean-Amable n'a pas eu de chance.

VIDALOT

Oui, le pauvre gosse ! la tête emportée par un boulet, dès le début de l'affaire.

QUESNEL, faisant signe de se taire

Il s'est produit des faits nouveaux depuis hier.

CHAPELAS

Il a fait des aveux ?

QUESNEL

Un membre du conseil prétend qu'il est innocent.

LES OFFICIERS

Innocent ! — Allons donc ! — Qui dit cela ?

QUESNEL

Je lui laisse la responsabilité de son opinion.

TEULIER, se levant

Citoyens...

CHAPELAS

Ah ! Teulier — naturellement. — Il a fallu qu'il trouvât à se distinguer.

TEULIER

Citoyens, vous savez si je suis l'ennemi de d'Oyron. Hier matin, je l'accusais. — Mais envers un

93

ennemi, on est tenu par des règles d'honneur aussi
strictes qu'envers un ami. Que pouvais-je faire, si le
hasard laissait tomber dans mes mains la preuve de
son innocence? Étouffer mes rancunes, et vous
apporter le moyen de réparer une injustice.

VIDALOT

Il faut qu'il dise toujours le contraire de tout le
monde.

DEUX OFFICIERS, écoutant le canon

Verrat recommence la bataille. Écoute. Cela vient
de chez lui. — Non, c'est le vent qui a tourné.

CHAPELAS, à Quesnel, d'un air ennuyé

Tu n'as donc pas mis le citoyen Teulier au courant
de ce qui s'est passé?

QUESNEL

Je lui ai tout dit.

CHAPELAS

Il connaît la lettre?

QUESNEL

Oui.

CHAPELAS

Mais l'a-t-il vue?

TEULIER

Précisément, je l'ai vue.

CHAPELAS

Et tu ne la trouves pas assez catégorique ?

TEULIER

La lettre a été forgée par les ennemis pour le perdre.

LES OFFICIERS

Ah ! bien, je m'y attendais ! — C'est ce qu'a dit le traître. — C'est trop facile à dire.

TEULIER

Je puis le démontrer.

CHAPELAS, ironique

Les Prussiens te l'ont dit ?

TEULIER

J'ai interrogé l'espion.

VIDALOT

Il a comparu devant nous tous.

TEULIER

Il m'a avoué la vérité.

CHAPELAS

Qu'en sais-tu ?

TEULIER

Les preuves de l'innocence de d'Oyron sont aux mains d'un officier.

Tu serais bien embarrassé de dire qui.

TEULIER

Je vais le dire.

CHAPELAS

Bah! — et c'est?

TEULIER

C'est Verrat.
(Stupeur. Explosion d'indignation

CHAPELAS

C'est abominable. Citoyen représentant, on nous insulte, et tu laisses faire!

QUESNEL

C'est à vous d'écouter l'accusation. Vous statuerez ensuite.

BUQUET

On n'a pas le droit d'outrager un des nôtres.

TEULIER

D'Oyron aussi est un des nôtres.

BUQUET, CHAPELAS

Un traître! un aristocrate!

TEULIER

Nous sommes égaux devant la justice.

BUQUET

Tu oses comparer le héros de Kostheim au misérable qui nous a livrés !

CHAPELAS

C'est une infamie d'accuser un absent.

QUESNEL

J'ai convoqué Verrat : il sera ici dans un moment.
Soyez tranquilles, nous le confronterons avec son
accusateur. Mais il est bon que vous entendiez
d'abord les raisons de celui-ci. Laissez parler le
citoyen Teulier. Quels que soient mes sentiments
personnels, mon devoir est de faire écouter les deux
parties.

TEULIER

Citoyens, je comprends votre premier mouvement
d'incrédulité passionnée, et je ne songe pas à m'offen-
ser de sa violence. Moi-même, à votre place, j'aurais
sans doute agi de même. Ayez un peu de patience.—
Mais avant toute chose, voyant l'aube qui jaunit, je
te demande, représentant, d'envoyer des ordres im-
médiats pour suspendre l'exécution, jusqu'à ce que
les débats engagés devant vous soient tranchés par
votre arrêt.

BUQUET

Qu'est-ce que toutes ces simagrées ? Dis-nous en
deux mots ton affaire, et finissons-en. Nous avons
autre chose à faire.

97

VII

L'arrêt a été rendu. Il n'y a pas lieu de sur-
seoir.

C'est casser le premier jugement.

Impossible pourtant de rejeter cette demande.

Ordre de suspendre.
(Le sous-officier sort.)

D'Oyron est innocent.
(Protestations bruyantes.)

Prenez garde : en vous refusant à m'entendre, vous
seriez criminels.

Des preuves ! Allons, donne-nous tes preuves, et
laisse-nous nous battre ! Tu n'entends donc pas le
canon ?

La justice, d'abord.

Te crois-tu plus infaillible que nous ?

TEULIER

Je ne m'occupe point de cela. J'ai ce principe à la
fois scientifique et républicain, de ne rien admettre
sans examen, et de ne croire que ce que ma raison
me donne comme évident.

LES OFFICIERS

Il nous ennuie! Il fait trop l'important!

BUQUET

Penses-tu que la raison est le monopole des membres de l'Académie?

VIDALOT

Dis-toi bien, citoyen, que l'aristocratie de la cervelle peut être aussi haïssable que l'autre aristocratie. Nous avons assez des scientistes. Nous sommes
tous égaux.

CHAPELAS, à Buquet

Allons, silence, là-bas. — (A Teulier.) Et toi, ex-
plique-toi.

TEULIER, continuant avec calme

Si l'espion, sur le témoignage duquel vous avez
condamné d'Oyron, vous affirmait maintenant que
d'Oyron n'est pas coupable, que diriez-vous? Que
dirais-tu, Chapelas?

CHAPELAS

Je dirais qu'il veut sauver son complice.

Mais s'il assure qu'il en a donné les preuves à Verrat, et qu'après les avoir reçues, celui-ci lui a commandé de se taire, lui promettant la vie pour prix de son silence ?

CHAPELAS

S'il me disait cela en face ? — Je le tuerais comme un chien.
(Les officiers approuvent Chapelas.)

TEULIER

Verrat eut dans l'après-midi un entretien secret avec l'espion.

CHAPELAS

Dans son zèle pour la nation, il a voulu sans doute tirer du prisonnier tous les renseignements dont il avait besoin pour son attaque de cette nuit.

TEULIER

Il se rendit ensuite chez Melchior Haupt, professeur en cette ville, où se trouvaient déposées des pièces établissant l'innocence de d'Oyron, et il y fit une perquisition secrète.

CHAPELAS

Quel en fut le résultat ?

TEULIER

Verrat partit pour son expédition, sans parler de ses recherches à personne.

CHAPELAS

C'est qu'elles furent infructueuses.

TEULIER

Ou trop fructueuses peut-être.
(Protestations.)

VIDALOT

Que dit Melchior Haupt ?

TEULIER

Je viens de chez lui. La maison était vide, Melchior avait disparu.

BUQUET

Et voilà toutes tes preuves ! Et c'est pour cela que tu désorganises l'armée ! — Mais tu es donc devenu fou ?

CHAPELAS

Des témoins qui s'évanouissent quand on a besoin d'eux !

TEULIER

L'espion est là : appelez-le ; faites-le parler. Quand Verrat viendra, mettez-les en présence.

LES OFFICIERS

C'est inutile. — C'est inconvenant. — Verrat n'est pas un suspect, pour qu'on ait le droit de mener cette enquête. — Est-ce ainsi que nous le paierons de ses services ? — Nous n'avons pas besoin de voir ce drôle. Si Verrat le désire, on le fera venir. Mais en

l’absence de Verrat, et sans son consentement, je m’y
oppose.

TEULIER

Si vous vous refusez à rien entendre, comment
connaîtrez-vous jamais la vérité?

CHAPELAS

La lettre est là. Je ne veux rien savoir.

TEULIER

Mais si la lettre est fausse! — Tu as entendu, Chapelas, — (tu étais avec moi), — d’Oyron se plaindre
lui-même des guet-apens où les ennemis tâchaient
de l’attirer sans cesse.

CHAPELAS

J’ai entendu cela, moi?

TEULIER

Hier matin.

CHAPELAS

Tu rêves.

TEULIER

Tu as la mémoire courte. — Mais soit, prenons la
lettre. Ne voyez-vous pas qu’elle ment? que seul un
ennemi, non un ami de d’Oyron, pouvait l’écrire? —
Faites attention, je vous prie.

(Il montre la lettre à Chapelas et à quelques autres, qui la regar-
dent d’un air ennuyé et indifférent. D’autres, Buquet, Vidalot,
forment un petit groupe hostile, debout, à quelques pas.)

BUQUET, à mi-voix à Vidalot

Dis-moi, quel peut bien être son intérêt à déchar-
ger le traître sur le dos de Verrat?

102

Je ne sais pas.

A tout le moins, c'est étrange. Le meilleur gas que nous ayons, un jacobin comme il n'y en a pas deux, un Marius, un vrai général sans-culotte, — et s'en prendre justement à lui, au lendemain d'une victoire qui passe tout ce qu'on a jamais vu !

Il est jaloux.

Probable. C'est la seule explication.

Ça n'est pas propre.

On ne peut pourtant pas soupçonner son intégrité ?

Est-ce qu'on sait jamais? L'intégrité s'achète comme le reste. Un peu plus cher, voilà toute la différence.

(Acclamations au dehors.)

Qu'est-ce que ce bruit?

(Un officier va à la fenêtre.)

L'OFFICIER

C'est Verrat qui arrive. On le porte en triomphe. Les soldats l'acclament.

TEULIER

Citoyens, nous n'avons pas à nous laisser troubler par les clameurs. Que la délibération continue.

(Le bruit augmente. D'autres officiers vont regarder à la fenêtre, ou se dirigent vers la porte qui s'ouvre.)

SCÈNE II

VERRAT paraît, porté sur les épaules de deux jacobins, une couronne de feuillage sur la tête, noir, barbouillé, barbu, hirsute, couvert de poussière, avec un vêtement déchiré; troué partout, crasseux de boue et de poudre. — Des soldats sans-culottes l'entourent en criant et dansant, et portent leurs bonnets rouges sur leurs sabres ou leurs piques. Un enfant bondit devant, en poussant des cris aigus, et jette en l'air son bonnet. Un fifre joue le *Ça ira*. Par la porte, on aperçoit une grande foule qui ne peut entrer. Les jacobins qui le portent, font avec lui le tour de la salle, avec des gestes absurdes et emphatiques, et finissent par le déposer sur la table. Les officiers du conseil se sont levés, sauf Teulier qui s'assied, Quesnel soulève son chapeau en silence. Verrat salue avec son sabre nu.

LA FOULE, criant

Honneur au sauveur de Mayence! Verrat général! vive le général Verrat!

(Verrat fait signe aux soldats de le déposer et de le laisser.)

C'est bon, assez gueulé! Mettez-moi là, jean-foutres, et foutez le camp! Nous avons à causer. (La foule s'en va. Verrat descend de la table.) Citoyens, salut et victoire! J'ai tenu parole. Le Mein rouge a bien gagné son nom. — Que me voulez-vous? Je viens de recevoir votre ordre au milieu de ma conquête. J'ai tout quitté pour vous témoigner mon respect. Parlez: je suis à vos ordres; mais renvoyez-moi vite: j'ai à travailler là-bas. Je ne fais que commencer. Je tiens les ennemis à la gorge; maintenant je vas les saigner.

QUESNEL, froidement

Nous regrettons, citoyen, de t'arracher à tes exploits : nous y sommes forcés. Ta gloire est attaquée; il est de ton intérêt comme du nôtre de te laver sans attendre.

VERRAT

Qui? moi? on m'accuse? Tandis que je répands à grands flots mon sang pour la patrie, il y a quelqu'un qui travaille contre moi? — Et de quoi m'accuse-t-on? Et qui? et qui? Quel est le fils de cochon?

QUESNEL

On prétend que tu as les preuves de l'innocence de d'Oyron et que tu les as soustraites.

VERRAT

Nom de Dieu! je voudrais savoir quel est le foutre de lâche, le vendu... Où est-il? Où est-il? que je lui

crache à la gueule, que je lui barbouille le nez avec
son ordure, que je le taille en miettes! Où se cache-
t-il? Faites-le venir.

TEULIER

Il est ici.

VERRAT

Ah! — et c'est?

TEULIER

Moi.

VERRAT

Toi! — Tu te gausses de moi.— Répète.— Ce n'est
pas possible! — Ha! (Il feint un étourdissement.) Citoyens,
c'est trop fort pour moi, voyez-vous. Un ami en qui
j'avais toute ma confiance, un frère, un bougre à
côté de qui j'ai combattu vingt fois, — je lui ai sauvé
la vie! — Excusez-moi, ça me fait un coup trop fort.
Cela va passer. — Attendez... (Il se relève, écumant.) Ah!
salaud! Ah! jean-foutre! — Mais non, il vaut mieux
ne pas s'abaisser à répondre à de pareilles saletés!

TEULIER

Verrat, il m'en coûte; mais la justice le veut.

VERRAT

Je te défends de me parler. J'aurai ta peau, c'est
sûr. Mais je ne te répondrai pas. Si tu ne crains
pas de te salir le gosier, toi, citoyen représentant,
parle-moi. Je suis prêt.

106

Verrat, Teulier t'accuse d'avoir reçu de l'espion la preuve manifeste que la lettre à d'Oyron était une machination des émigrés contre lui, et au lieu de nous l'apporter, d'avoir obligé cet homme à garder le silence. Qu'as-tu à répondre?

VERRAT

Je jure que j'ai sauvé la patrie.

QUESNEL

Citoyen, nous rendons tous hommage à tes vertus militaires; mais puisque une imputation précise est dirigée contre toi, il importe que tu y répondes.

VERRAT

Jamais! Jamais je ne m'abaisserai à me disculper de cet infâme outrage. J'en laverai tout à l'heure la bave dans le sang de ce traître. Mais parler avec lui, discuter, non, ce n'est pas mon affaire. Je ne suis pas comme lui un cracheur de phrases, un hâbleur de salons, un conférencier d'aristocrates. Je ne parle point, j'agis. Que ceux qui m'accusent retroussent leurs manches, et me suivent dans cette cour! Voilà la réponse que je leur ferai.

(Il brandit son sabre nu, et en frappe violemment la table.)

TEULIER

Je te suivrai, Verrat; je jette volontiers ma vie dans la querelle. Mais avant la réparation que je te dois, tu en dois une à la justice. La justice est la première offensée, tu lui dois le respect. Rentre ce sabre factieux, et réponds à ses questions comme le plus humble de ses sujets.

Entendez-vous le jésuite, comme le miel et le fiel lui suintent de la bouche! Son amer a crevé. — Je ne lui répondrai pas. Que ceux qui doutent de moi, aillent interroger les rives des deux fleuves et leurs eaux grasses de morts. Que dans le silence dédaigneux de ma bouche, mes blessures parlent pour moi, — *(Il ouvre en les déchirant, sa redingote et sa chemise.)* — ma poitrine rouge de mon sang et de celui de l'ennemi, (je ne les distingue plus), — ma peau fumée par la poudre, mes poils grillés par le feu, mes habits éventrés, déchiquetés par les sabres! — Je sais ce que je vaux, et je le dis comme je le sais. La modestie est une vertu d'imbéciles et de filles bossues. — Citoyens, je vous somme de déclarer que j'ai bien mérité de la patrie!
(Les officiers l'acclament.)

TEULIER

Cette façon de discuter est intolérable. Laisse donc le souvenir des services que tu rendis à la patrie. Nous tous, Verrat, nous avons bien mérité d'elle. Tu as fait ton devoir : rien de plus, comme tous ceux qui sont ici. Pas un n'est avare de son sang ; des centaines de combattants obscurs te valent bien : tous tes soldats, tous les miens, tous ceux qui dorment en ce moment sous la terre allemande. Sois donc humble, et...
(Il est interrompu par les protestations des officiers.)

VIDALOT

L'envie l'étouffe.

BUQUET

Représentant, ne laisse pas flétrir ceux qui hono-
rent la patrie !

QUESNEL

Silence à tous les deux. — L'accusation ayant été
portée publiquement devant nous, je dois la faire
connaître à l'accusé. Je le laisse libre de répondre ou
de se taire. Qu'il écoute seulement les charges princi-
pales. — On affirme, Verrat, que tu as fait hier une
perquisition secrète chez Melchior Haupt afin de re-
trouver les preuves de l'innocence de d'Oyron, que
l'espion t'avait signalées. — Est-ce vrai ? Qu'en as-tu
fait ? — As-tu quelque chose à répondre, et veux-tu
des détails ?

(Verrat, qui a écouté Quesnel en reniflant et soufflant, comme
s'il avait peine à se contenir, tend violemment la tête vers
Teulier, le regarde avec des yeux furieux, lui lâche une grosse
injure, et tourne le dos à Quesnel.)

CHAPELAS

Quel intérêt aurait eu Verrat à perdre d'Oyron ?

TEULIER

Sa haine contre lui.

LES OFFICIERS, tumultueusement

Nous le haïssions tous !

VERRAT

Je constate que ce n'est donc pas moi qui suis mis

en cause : c'est l'honneur de tous les officiers qui
sont ici.

TEULIER

Non, Verrat, ne détourne pas la question : je n'accuse que toi, pour les raisons que voici.

VERRAT, se retournant brusquement contre lui

Et moi, je t'accuse.

TEULIER

Moi ?

VERRAT

Oui, toi. Tu es payé par d'Oyron pour me perdre.

TEULIER

Je ne te hais point.

VERRAT

Tu prétends être mon ami, en voulant me déshonorer !

TEULIER

Je fais mon devoir.

VERRAT

Ton devoir de chien enragé, de bête venimeuse,
d'hilote des aristocrates !

TEULIER

Ne répondras-tu pas aux faits dont je t'accuse ?

VERRAT

Par le fer, pas autrement !

110

TEULIER

Citoyens, puisqu'il est impossible de rien tirer de cet homme, puisque ma parole et la sienne sont également suspectes, je demande qu'on interroge devant vous l'espion. Il suffira à nous instruire.

CHAPELAS

Nous perdons notre temps ici.

TEULIER

J'insiste pour qu'il soit entendu.

VERRAT

Oui, amenez la fripouille, que je la coupe en morceaux.

TEULIER

Il est là, à côté.

QUESNEL

Faites-le venir.
(Un soldat sort. — Bruits de la ville au dehors. — Une horloge
d'église sonne six heures. — Canon. — Murmures de la foule.
Musique au loin. Pas cadencés.)

OFFICIERS

Six heures. — L'heure de l'exécution.

BUQUET, va voir à la fenêtre

Ils attendent qu'on l'amène. La place est pleine de monde.
(Le brigadier qui est sorti pour chercher l'espion, revient.)

111

LE BRIGADIER

Citoyen représentant.

QUESNEL

Eh bien, ton prisonnier?

LE BRIGADIER, tranquillement

Il est mort.
(Étonnement.)

TEULIER

Que dis-tu?

LE BRIGADIER, froidement, faisant le geste

Etranglé.

QUESNEL

Il s'est tué?

LE BRIGADIER

Probable.
(Teulier regarde Quesnel impassible, et Verrat qui ricane.)

VERRAT

Le bougre a eu peur. Il a bien fait.

BUQUET

Beaux témoignages! Un mort et un absent!
(Les officiers haussent les épaules. — Teulier, un instant accablé,
se relève.)

TEULIER, opiniâtre

N'importe. — Sa mort ne fait que confirmer mes
doutes.

VERRAT, comprenant mal d'abord

Quoi? Quoi? — (Vociférant.) Jean-foutre, je te tuerai !
(Il se jette sur Teulier, le sabre levé. Les officiers les séparent. — Hors
de lui.) Citoyens, je suis victime d'une machination
effroyable. Vous le voyez, mon accusateur, ce bandit,
(Il montre Teulier) descend aux pires insultes, d'accord
avec les traîtres et les espions prussiens. Comme ils
tremblent devant moi, ils ne reculent devant aucun
moyen pour me perdre. Ils ont acheté cette crapule,
indigne du nom de Français. Je l'avais ménagé jusqu'à présent ; le souvenir de notre amitié passée me
retenait malgré moi. Je l'aurais égorgé, mais en
silence. Puisqu'il me pousse à bout, je parlerai. Je
ne me défends plus, j'accuse. J'accuse Teulier d'être
vendu aux Prussiens, d'être complice des royalistes,
des feuillantistes, des rolandistes, et des aristocrates
de toutes couleurs. J'en donnerai des preuves. Je
me suis toujours défié de lui : — son dédain pour les
patriotes, ses jugements sans respect pour la Convention, son admiration éhontée pour des ennemis, —
tout en lui est suspect. — Et il sait l'allemand ! — Je
vous donnerai des preuves. — Je vous mets en
demeure de juger entre lui et moi. L'un de nous
est un traître. Je ne sortirai point d'ici qu'il ne
soit condamné.

TEULIER, très calme, très ferme, avec une ardeur intérieure

Citoyens, ce débordement d'injures ne m'atteint
point. Vous connaissez ma vie, elle s'étale au grand
jour. Je suis pauvre, j'ai laissé tous les miens, mes
fonctions, mon repos, et ce qui m'était plus cher,
mes travaux, pour offrir mes forces à ma patrie. Pas

un jour, je ne les ai marchandées. Je ne désire aucun titre. J'ai été à onze batailles. Je ne vous montrerai pas ma peau flétrie : ce sont des moyens de prostituées. J'ai déjà assez de honte et de dégoût d'avoir à rappeler mes services. Je hais les histrions. Il ne me plaît d'étaler ni mon corps, ni mon cœur. Nous sommes des hommes, nous ne devons parler qu'à la raison. La raison, la raison, la raison. Quand sa voix se fait entendre, nul ne peut lui résister. C'est à elle que j'obéis, et je lui sacrifie, s'il le faut, mes amitiés, mes inimitiés, ma vie. Vous l'entendrez aussi. Il faudra que vous l'entendiez. Si désireux que vous soyez de lui échapper, elle sera la plus forte, et elle fera justice. Ne m'accusez point d'orgueilleuse présomption ; je ne veux rien par moi-même : c'est la Vérité qui veut par moi. Toute âme qui voit une fois la vérité en face, et tâche de la nier, se suicide elle-même. Vous avez beau faire maintenant ; tous vos efforts pour vous fermer les yeux ne servent de rien ; vous avez *vu ;* vous *savez,* comme moi. Obéissez, comme moi. Obéissez, quoi qu'il en coûte, parce qu'il le faut.

(Silence glacial.)

QUESNEL

Citoyens, voulez-vous que nous fassions éloigner un instant les deux parties, afin de délibérer ?

CHAPELAS, qui s'est entretenu à voix basse avec les officiers

Inutile, citoyen représentant, nous sommes tous d'accord. Nous avons jugé hier en toute loyauté ; nous n'avons aucune raison de nous déjuger aujourd'hui. Au nom de mes collègues, je déclare qu'il n'y a pas lieu de modifier la sentence. Que la jus-

114

tice suive son cours. — Et comme toutes les considérations sont ici réunies, l'intérêt de la patrie, comme l'humanité, pour que l'attente du condamné ne soit pas prolongée davantage, nous te prions de donner l'ordre d'aviser à l'exécution immédiate du traître. (Un silence. — Quesnel, sans dire un mot, impassible, écrit un ordre qu'un brigadier prend et emporte aussitôt.) Un autre devoir nous reste. Un des nôtres a été accusé. Pressé de s'expliquer, l'accusateur s'est retranché derrière des suppositions injurieuses et gratuites, des on-dit malveillants, des allégations sans fondement. Ainsi il a compromis la défense, désorganisé la victoire, troublé l'armée dans une nuit de combat, risqué de tout perdre, pour des soupçons criminels que rien n'appuie. Il importe d'en faire justice, et d'empêcher à l'avenir....

VERRAT

Ne t'inquiète pas, Chapelas. Je m'en charge, c'est mon affaire.

CHAPELAS

Cela nous regarde tous. Tous, nous avons été atteints ; nous devons frapper de tels actes qui détruisent la patrie. Ayant égard aux services rendus par le citoyen Teulier, nous écartons l'accusation de trahison portée contre lui par Verrat, et nous ne retenons que celle de s'être laissé entraîner à ces soupçons scélérats par des pensées de jalousie et de haine, indignes d'un soldat. A vous de décider, camarades ; qu'en voulez-vous faire ?

LES OFFICIERS

Au Comité de Salut Public !

115

Tu entends, citoyen représentant. Défère-le donc au Grand Comité, dès qu'il te sera possible. Nous nous en remettons à lui de décider de son sort.

BUQUET ET VIDALOT, se levant, bouclant leurs ceinturons

Bon, son affaire est claire. Il ne nous ennuiera plus.

VERRAT

Citoyens, je ne vous remercie pas. Vous avez fait votre devoir en défendant la justice ; mais je vous félicite d'avoir une fois de plus déjoué les pièges des aristocrates. Vous voyez dans quel réseau de crimes nous marchons enveloppés. Ferme, appuyons l'épaule, et frayons-nous la route à coups de hache. Que l'Europe nous insulte : nous répondrons par des coups de tonnerre !

(Bruit violent de la foule au dehors. Sifflets et huées.)

OFFICIERS, à la fenêtre

Il sort de la prison.

— On ne le reconnaît plus avec ses cheveux coupés.

— Quelle arrogance a toujours la canaille !

(Silence. Les officiers sont aux fenêtres. Verrat tourne le dos au public. Teulier et Quesnel restent assis à la table. — Quesnel impassible, impénétrable ; — Teulier la tête dans les mains, agité, consterné. — On entend une voix forte et monotone lire au dehors.)

BUQUET

On lit l'arrêt.

Quesnel, — Quesnel, — au nom de Dieu ! — un mot, — il suffit d'un mot ; — j'ai dit vrai, tu le sais ; tu le sais bien, toi !

(Roulement de tambours.)

QUESNEL, se levant et se découvrant

A la patrie !

LES OFFICIERS, avec solennité

Vive la nation !

(Cris de la foule au dehors.)

VERRAT

Et maintenant, allons vaincre !

(Ils sortent bruyamment. — Teulier est resté atterré, assis près de la table. Quesnel, qui sort le dernier, passe près de lui.

QUESNEL

Adieu, Teulier, je t'avais averti. Tu t'es frappé toi-même.

TEULIER, se relevant fièrement et méprisant

Ne me plains pas. J'aime mieux être à ma place qu'à la tienne.

QUESNEL

Que mon nom soit flétri, mais que la patrie soit sauvée !

RIDEAU

Fini d'écrire à Paris, fin mars 1898,

Saint-Just.

Fini d'imprimer en octobre 1898,

chez

Georges Richard et Husson,

9, rue du Pont, à Suresnes,

par

Gustave **Auriel**,
Charles **Bargain**,
Claude **Briand**,
Désiré **Charret**,
Théodore **Chevauchez**,
Émile **Daviot**,
Paul **Denomaison**,
Jules **Desportes**,
Louis **Laffleur**,
Albert **Langlade**,
Alfred **Legrand**,
Auguste **Mahlmann**,
Jean **Massé**,
Edmond **Métadieu**,
Alfred **Paumier**,
Ernest **Payen**,
Auguste **Princhette**,
Camille **Rétif**,
Albert **Réveillon**,
Charles **Robert**.

Se trouve à Paris, 17, rue Cujas, chez

*Georges **Bellais**.*

Prix : deux francs.   Tous droits réservés.

www.ingramcontent.com/pod-product-compliance
Lightning Source LLC
LaVergne TN
LVHW021844170726
843503LV00003B/1068